Gerhard Schwabe

Fichtes und Schopenhauers Lehre vom Willen

mit ihren Konsequenzen für Weltbegreifung und Lebensführung

Gerhard Schwabe

Fichtes und Schopenhauers Lehre vom Willen
mit ihren Konsequenzen für Weltbegreifung und Lebensführung

ISBN/EAN: 9783743476202

Hergestellt in Europa, USA, Kanada, Australien, Japan

Cover: Foto ©ninafisch / pixelio.de

Weitere Bücher finden Sie auf **www.hansebooks.com**

Fichtes und Schopenhauers
Lehre vom Willen
mit ihren Konsequenzen

für Weltbegreifung und Lebensführung.

Inaugural-Dissertation

der

philosophischen Fakultät zu Jena

zur Erlangung der Doktorwürde

vorgelegt von

Gerhard Schwabe.

Jena,
Frommannsche Buchdruckerei (Hermann Pohle)
1887.

Motto: „Was für eine Philosophie man wähle, hängt davon ab, was man für ein Mensch ist: denn ein philosophisches System ist nicht ein toter Hausrat, den man ablegen oder annehmen könnte, wie es uns beliebte, sondern es ist beseelt durch die Seele des Menschen, der es hat. Ein von Natur schlaffer, oder durch Geistesknechtschaft, gelehrten Luxus und Eitelkeit erschlaffter und gekrümmter Charakter wird sich nie zum Idealismus erheben." (Fichtes sämmtl. Werke I. Bd. 1. Abth. 1. Einl. in die W. L. S. 434).

Fichte und Schopenhauer, zwei Philosophen, zwei Weltanschauungen. Einzelne Sätze großer Denker lassen sich wohl widerlegen, ein System kann leicht als nicht in allen Punkten folgerichtig durchgeführt erwiesen werden, man kann auch das Fundament, auf das sich dasselbe erbaut, als unhaltbar hinstellen, gewisse Weltanschauungen aber scheinen unzerstörbar zu sein. Das beweist die Geschichte der Philosophie. So lange Menschen auf der Erde gewandelt sind, Philosophen über das Welträtsel nachgedacht haben, so lange stehen sich die beiden Weltanschauungen gegenüber, mit denen auch wir es zu thun haben werden. Es ergreift den Denker ein eigentümliches Gefühl des Schmerzes, wenn er sieht, wie dieselben Meinungen, die schon so und so oft im Verlauf der Geschichte ausgesprochen worden sind und widerlegt zu sein scheinen, immer wieder von neuem auftauchen mit jugendfrischer, ungebrochener Kraft, als hätten Jahrtausende vergeblich gearbeitet, so daß es fast den Anschein hat, als schreite die Weltentwicklung in Gegensätzen, aber nicht durch sie hindurch. Und doch läßt die forschende Menschheit ihre schönste Mitgift, die Hoffnung, nicht fahren und tröstet sich mit dem Blicke auf die Zukunft — und thut recht daran. Denn zwar kehren dieselben Probleme immer wieder, doch in feinerer Gestalt und gründlicherer Form. Denn was ein Sokrates gedacht, war nicht alles umsonst, ein Sokrates in zweiter Potenz, Kartesius, hat es in erhöhter Weise wieder aufgenommen, was dieser erforscht, war nicht ganz vergeblich, denn auf seinen Schultern erbaute sich ein Sokrates in dritter Potenz, Immanuel Kant. Diese drei Anfänger einer philosophischen Geschichtsreihe haben zwar im Grunde genommen über dasselbe Problem nachgesonnen, aber der zweite hat es mit gesteigerter Deutlichkeit erfaßt und es in gereinigter Form seinem größern Nachfolger überliefert. Darin liegt der Trost für den Philosophen, allerdings ist es ein zweifelhafter. Denn je schärfer, je klarer das Rätsel ausgesprochen ist, um so schwieriger scheint seine Lösung.

So steht es auch mit den beiden Weltanschauungen, deren Prinzipien und Consequenzen wir prüfen werden.

Es ist ein uralter Gegensatz zwischen ihnen, zwar wird er immer von neuem zu überbrücken gesucht, aber wieder und wieder zerstört eine rauhe Hand die Brücke der Versöhnung. Auch hier ist in der Geschichte ein Trost zu finden. Was Hegesias, auch Empedokles und Heraklit auf der einen Seite, Plato und Aristoteles auf der andern Seite über Pessimismus und Optimismus geschrieben, was Dichter wie Sophocles im Bunde mit Volksreligionen wie Buddhaismus und dem älteren Christentum geklagt und Sänger wie Horaz im Verein mit der jüdischen und griechischen Staatsreligion gepriesen haben, darüber hat mit reiferem Denken die Folgezeit und mit schärfster Klarheit die Neuzeit nachgesonnen: Leibnitz, Spinoza, die drei großen Idealisten dieses Jahrhunderts einerseits, Schopenhauer und Hartmann andrerseits können es bezeugen. Und doch wird der Trost gemildert durch die Frage: Ist man durch den bisherigen Gang dieses Problems dazu berechtigt, auf eine endgiltige Lösung zu hoffen? Oder befindet sich die Menschheit hier in einem Widerspruch, der mit ihr durch die Aeonen hindurchziehen wird, wie der Schatten seinem Körper folgt? Ruht er etwa auf dem Gegensatz nicht der Schwäche und Stärke des menschlichen Verstandes, sondern vielmehr der Richtung des menschlichen Charakters, seines Willens selbst? Es wäre dies ein erster Beweis für die Wahrheit der Willenslehre der beiden Philosophen Fichte und Schopenhauer, einer Lehre, welche wir uns jetzt anschicken, in ihren Fundamenten und deren Folgerungen für Weltbegreifung und Lebensführung zu vergleichen und zu untersuchen.

Sobald man anfing, Schopenhauer zu lesen, hat man gewisse Gedanken, die er selbst als seine ureigensten Originalentdeckungen pries, schon bei anderen früheren oder gleichzeitigen Philosophen, bei Fichte und Schelling, gelesen zu haben gemeint. Heute spricht man trotz Frauenstädts Widerspruch (aus Schop.'s Nachlaß S. XVII) allgemein von einer großen Ähnlichkeit der Prinzipien dieser drei Nachkantianer, geht sogar so weit, Schopenhauer vorzuwerfen, er habe den einen Teil seiner Hauptlehre teils Fichten, teils Schelling entlehnt. Ob sich diese Sache nun wirklich so verhält, ob er, wiewohl er sich oft genug trotzig auf seine Originalität berief, die Gedanken seiner Vorgänger abgeschrieben, ließe sich dann erst erschöpfend zeigen, wenn man den Gang, den seine Studien genommen, die Einflüsse, die während seiner Lehrjahre auf ihn gewirkt, so genau erforscht hätte, wie man es gethan hat mit Kants oder, wenn wir ein ferner entlegenes Beispiel anführen, mit Luthers Gedankenentwicklung, so daß man wie aus einem Rechenexempel das Resultat, so aus den Studien und Einflüssen, welche auf Schopenhauer gewirkt haben, den Schluß zöge, so und so mußte bei einem solchen Charakter bei den und den Einwirkungen das Resultat ausfallen. Denn ehe man behauptet, Schopenhauer habe nur die Fichtesche Philosophie sozusagen ins Deutsche übersetzt oder habe Schellingsche Gedanken als sein Eigentum ausgegeben, müßte man darüber völlige Sicherheit haben, ob er nicht vielmehr Goetheschen Ahnungen philosophischen Ausdruck gegeben, (vergl. A. Harpf, Goethe u. Schop. Philof. Monatsh. 1885 8. Heft). Und schließlich muß man auch ihn selbst fragen, aus welchen Einwirkungen er sein Willensprinzip erschlossen habe. Er würde näm sich sagen, daß in der Kantschen Lehre vom Primat der praktischen Vernunft über die theoretische die Vorbedingungen seiner Willenslehre ganz und gar gegeben seien. Indessen diese Frage hier genauer zu untersuchen, liegt von unserm Thema zu entfernt. Was aber die Ähnlichkeit der Schopenhauerschen Lehre mit der Fichteschen anbetrifft und ob überhaupt eine solche stattfindet, so werden wir uns hierüber natürlich genauer zu äußern haben, nachdem wir sie entwickelt und miteinander verglichen haben.

I. Theoretischer Teil:
Prinzipienlehre.

Fichte und Schopenhauer haben zu ihrer Voraussetzung die Kantsche Philosophie, behaupten, sie seien die wirklich echten Jünger Kants, entwickeln sich aus ihr, wie Zweige aus einem Stamme und dies ist das erste, was beide gemeinsam haben. **Die Eigentümlichkeit der Fichteschen Lehre besteht in seiner Auffassung des Ich, die Schopenhauersche in seiner Theorie vom Willen.** Was sind diese beiden, wie sind unsere Philosophen dazu gekommen? Letzteres zuerst.

Transcendentale Apperception, intelligibler Charakter, Primat der praktischen über die theoretische Vernunft, eigentümliche geheimnisvolle Dinge, das sind die Begriffe der Kantischen Philosophie, aus denen die Fichtesche Ich-Lehre, wie bekannt, entspringt. Intelligibler Charakter, Ding an sich, Primat der praktischen über die theoretische Vernunft — aus diesen Quellen schöpft Schopenhauer seine Willenslehre. Sollte nicht schon aus dieser Gemeinsamkeit des Ursprungs auf irgend welche Ähnlichkeit zwischen dem Fichteschen Ich und dem Schopenhauerschen Willen geschlossen werden können?

Wir kommen somit an unsere erste Aufgabe, die Prinzipien unserer beiden Philosophen mit einander zu vergleichen und glauben dies am besten zu thun, indem wir zuerst beide Lehren völlig unabhängig von einander und von den Folgerungen, die sich aus ihnen für die praktische Philosophie ergeben, darstellen. Dazu erwächst uns die Aufgabe, das ganze Fichtesche und Schopenhauersche System wenigstens in ihren Hauptpunkten zu durchlaufen. Denn daß bei dem letzteren das Wort „Wille" der eigentlich maßgebende Faktor ist, versteht sich von selbst. Daß er es auch bei Fichte ist, wird sich zeigen. Wir beginnen mit Schopenhauer, weil seine Lehre leichter darzustellen ist, und zweitens, weil wir mit seiner Willenslehre vertraut die Fichtesche eher verstehen und aus der schweren Form den verwandten Inhalt leichter herausschälen können. Vorarbeiten zu unserem Thema haben wir fast gar nicht gefunden, nur einzelne Andeutungen in philosophischen Zeitschriften, Geschichten der Philosophie (besonders in der von Windelband) und einer Schrift von R. Willy, Schopenhauer in seinem Verhältnis zu Fichte und Schelling, die indes den Hauptpunkten nicht genug gerecht wird[1]).

Schopenhauer setzt voraus die Wahrheit der Kantschen Unterscheidung der Erscheinung vom Ding an sich, als welche dessen größtes Verdienst sei II, 495. Kant hatte nun zwar dieses Ding an sich für unerkennbar erklärt, hatte es ferner nur durch eine Inkonsequenz gefunden (ib. S. 499), war jedoch durch seine Lehre vom Primat der praktischen über die theoretische Vernunft, durch die Erkenntnis, daß die moralische Bedeutung der menschlichen Handlung ganz unabhängig von den Gesetzen der Erscheinung und nach diesen unerklärbar sei, dem Ding an sich ziemlich nahe gekommen.

---

[1]) Wir citieren die betreffenden Schopenhauerschen Stellen nach der Gesamtausgabe von Frauenstädt 1. Aufl. 1873, Fichte's Werke meistenteils nach der Ausgabe von J. H. Fichte, Berlin 1845.

Ist dieses der Erscheinung zu Grunde liegende Ding an sich nun wirklich unerkennbar? Auf dem Wege der rein objektiven Erkenntnis d. h. der Erkenntnis in den Formen der Anschauung Raum, Zeit, Kausalität allerdings. Aber unser Selbstbewußtsein giebt uns hier einen überraschenden Aufschluß. Wir finden uns nämlich nicht nur als erkennende Wesen, sondern vornehmlich und unmittelbar als wollende. Und dieses Selbstbewußtsein haben wir zum Ausleger des Bewußtseins andrer Dinge zu machen. Zwar ist diese Erkenntnis des Dinges an sich noch keine ganz unmittelbare, denn sie geschieht noch in der Form der Zeit, sie ist jedoch von den Formen des Raumes und der Kausalität frei, und wir haben somit die Pforte gefunden, die fast bis unmittelbar hinführt zum Wesen der Dinge III, 220. Suchen wir dies noch genauer zu erklären. Der Mensch findet sich in dieser Welt als Individuum II, 118 d. h. sein Erkennen, der bedingende Träger der Welt als Vorstellung, ist durchaus vermittelt durch einen Leib, dessen Affektionen (Empfindungen) dem Verstande der Ausgangspunkt der Anschauung jener Welt sind. Dieser Leib ist uns auf zwei verschiedene Weisen gegeben II, 119, einmal als Vorstellung, als Objekt unter Objekten, sodann aber auf eine ganz unmittelbare Weise, nämlich, als jenes jedem unmittelbar Bekannte, welches das Wort Wille bezeichnet. „Jeder wahre Akt seines Willens ist sofort und unausbleiblich auch Bewegung seines Leibes: er kann den Akt nicht wirklich wollen, ohne zugleich wahrzunehmen, daß er als Bewegung des Leibes erscheint." „Die Aktion des Leibes ist nichts anderes als der objektivierte d. h. in die Anschauung getretene Akt seines Willens." Der Leib ist Objektität meines Willens, das ist eine Wahrheit, die hier „zum ersten Male" nachgewiesen ihrer Natur nach nicht bewiesen werden kann. Die Identität des erkennenden und wollenden Subjektes ist κατ' ἐξοχήν philosophische Wahrheit. — Alle andern Objekte sind uns zwar nur als Vorstellungen gegeben II, 124, zu leugnen jedoch, daß auch sie gleich dem Individuum Erscheinungen eines Willens sind, ist die Meinung des theoretischen Egoismus; sie ist zwar nicht zu widerlegen durch Beweise, könnte aber nur im „Tollhause" gefunden werden. Daher wir also alle übrigen Erscheinungen, die ganze Welt der Vorstellung, jedes einzelne Ding als Erscheinung eines Willens aufzufassen haben.

Der Wille als Ding an sich ist nun von seiner Erscheinung toto genere verschieden, er ist frei von den Formen des Intellekts, Raum, Zeit und Kausalität, ist unteilbar, frei von der Vielheit, einer, grundlos. Die Frage, wonach der Wille strebt, was er will, diese beruht auf der Verwechslung des Dinges an sich mit der Erscheinung, denn nicht auf ihn erstreckt sich der Satz vom Grunde. Daher gehört Abwesenheit alles Ziels, aller Grenzen zum Wesen des Willens II, 194. III, 221. Er ist endloses Streben, ist blinder, erkenntnisloser Drang zum Dasein. Wo ihn Erkenntnis beleuchtet, weiß er zwar jetzt, was er hier will, nie aber überhaupt, warum er will. Erkenntnisloser, blinder, chaotischer Wille ist das Wesen der Welt.

Folgende weitere Folgerungen sind für uns von Wichtigkeit. Ist der Wille das Wesen aller Dinge, so kann in tierischen Körpern die Erkenntnis selbst nur das Accidens sein. Ersterer ist primär, letzterer sekundär. Daher hat der Wille vollkommene Herrschaft über den Intellekt; dieser ermüdet, ist träge, jener ist unermüdlich und ruht nie. Der Intellekt gehorcht dem Willen unbedingt. Hingegen nie der Wille dem Intellekt, sondern dieser ist blos der Ministerrat jenes Souverains. „Über das Wollen selbst, über die Grundmaxime desselben hat der Intellekt keine Macht. Zu glauben, daß die Erkenntnis wirklich und von Grund aus den Willen bestimme, ist wie glauben, daß die Laterne, die einer bei Nacht trägt, das primum mobile seiner Schritte sei". III, 250 f. Der Wille ist die Substanz des Menschen, der Intellekt das Accidens — der Wille die Materie, der Intellekt die Form, der Wille die Wärme, der Intellekt das Licht. Und der Zweck des Intellekts? Zum Dienste eines individuellen Willen hat ihn die Natur hervorgebracht III, 322 f. Wie mit jedem Organ und jeder Waffe, zur Offensive oder Defensive, hat sich auch in jeder Tiergestalt der Wille mit einem Intellekt ausgerüstet, als einem Mittel zur Erhaltung des Individuums und der Art (Wille in d. Natur IV, S. 48). Bei Tieren, bei Menschen ist überall der Intellekt das Sekundäre, Untergeordnete, blos den Zwecken des Willens zu dienen Bestimmte. In dem Maße, als in der aufsteigenden Tierreihe der Intellekt sich immer mehr entwickelt und vollkommen auftritt, sondert sich das Erkennen immer deutlicher vom Wollen und wird dadurch reiner. Die Steigerung der Intelligenz vom dumpfesten tierischen Bewußtsein bis zu dem des Menschen ist also eine fortschreitende Ablösung des Intellekts vom Willen, welche vollkommen, wiewohl nur ausnahmsweise im Genie eintritt III, 330 f.

Wir sind hier ausführlich gewesen, weil diese Lehre Schopenhauers über das Verhältnis des Willens zum Intellekt eine ganz originelle und folgenreiche ist, zwar nicht so originell, daß wir sie nicht bei unserm andern Philosophen wiederfinden werden. Fassen wir das Bisherige zusammen: **Schopenhauer erklärt aus einem und zwar einem geistigen Prinzip die Welt. Sein System ist die Durchführung der Lehre vom Primat der praktischen über die theoretische Vernunft, zeigt die primäre Natur des Willens, die sekundäre des Intellekts.** Diese Lehre von der vollkommenen Abhängigkeit der Erkenntnis vom Willen tritt entgegen fast der ganzen vorhergehenden Philosophie — Schopenhauer steht hierin aber nicht allein da, sondern hat keinen geringeren und schlechteren Vorgänger als — Fichte, wie wir nunmehr sogleich sehen werden.

Fichte setzt voraus das Kantische System. Derselbe hatte

gezeigt, daß diese Welt, wie wir sie sehen, notwendig bedingt ist durch die apriorischen Formen unseres Intellekts. Auch hatte Kant schon angedeutet, daß diese verschiedenen Vermögen des Intellekts entspringen aus einer Wurzel, nämlich der transcendentalen Apperception. Daher ist die Aufgabe der Philosophie: Begründung des gesamten Wissens aus einem Prinzip I, 1, S. 40. Welches ist es? Aenesidemus meinte, dieser höchste Grundsatz könne nur in dem Begriff der Vorstellung gesucht werden. Nein, sagt Fichte, es giebt noch einen höhern Begriff als den der Vorstellung, die Vorstellung ist nur empirisches Bewußtsein, daher selbiger oberste Satz sich auf etwas höheres gründen muß, nämlich auf das Selbstbewußtsein. Der Satz des Bewußtseins ist wahr, aber doch nur sekundär, nicht der erste I, 1, 5 f. Derselbe Satz ist notwendig unbeweisbar, durch sich selbst gewiß (ib. S. 47, 427, 465 ⁊c.). Welches ist denn nun der Grund der Erfahrung, des empirischen Bewußtseins d. h. des Systems der notwendigen Vorstellungen? Es ist die Intelligenz, dieselbe ist ein thätiges Prinzip und zwar ein notwendig thätiges Prinzip. In der Wissenschaftslehre nämlich giebt es zwei sehr verschiedene Reihen des geistigen Handelns. Die des Ich, welche der Philosoph beobachtet, und die der Beobachtungen des Philosophen. Die Wissenschaftslehre enthält also die Doppelreihe des Handelns und des auf dieses Handeln gerichteten Anschauens, sie ist Selbstanschauung oder Selbstbewußtsein. Das Bewußtsein ist Grund des Seins, das Selbstbewußtsein Grund des Bewußtseins. Dieses Selbstbewußtsein oder Selbstanschauung ist die intellektuelle Anschauung oder ursprüngliche Handlung des Ich. „Das Sein des Ich ist seine eigne That, die kein andrer für mich thun kann, es ist im Menschen das schlechthin unabhängige, unbedingte ursprüngliche Selbst, unter allen Thaten die eigenste, darum die gewisseste, es ist handelnd und erkennend zugleich, ist Einheit, und so haben wir das Prinzip gefunden, aus welchem die ganze Welt herzuleiten ist." Dieses Ich haben wir näher zu betrachten. Es ist theoretisch und praktisch, erkennend und handelnd zugleich. Welches von beiden ist denn nun wieder das primäre und welches das sekundäre, das theoretische Ich oder das praktische? Um diese Frage zu lösen, gebraucht Fichte als Hebel seine Theorie von der produktiven Einbildungskraft (dem theoretischen Grundvermögen). Die genauere Bekanntschaft hiermit setzen wir voraus. Die an sich unendliche Thätigkeit des Ich setzt sich durch die freien Handlungen der produktiven Einbildungskraft überall Schranken, strebt aber über jede derselben hinaus. Die erste Begrenzung, in der sich die theoretische Vernunft findet, ist die Empfindung, eine ursprüngliche nicht durch eigene Thätigkeit erzeugte Thatsache, eine feste undurchdringliche Voraussetzung, eine in ihm durch das Nichtich (Grundsatz II und III) gesetzte Schranke. Das Nichtich ist dieser „Anstoß". Woher aber dieser für das theoretische Ich unerklärliche Anstoß? Diesen erklärt das praktische Ich. Das Ich in seinem innersten Kern ist praktischer Natur. Um unendliche Thätigkeit zu bleiben, muß es sich immer wieder zu überwindende Schranken setzen d. h. das Ich ist theoretisch, um praktisch zu sein. Ohne praktisches Ich kein theoretisches. Demnach ist also in gewisser Hinsicht das Nichtich Ursache der Intelligenz, das praktische Ich aber Ursache des Nichtich. Und schließlich, was stelle ich mir genauer unter diesem praktischen Ich im Gegensatz zum theoretischen Ich vor? Seine Grundform ist Trieb, unendliches Streben vgl. I, 1, S. 254 ff. „Demgemäß", sagt Fichte ib. S. 294, erfolgt denn auch hieraus auf das einleuchtendste die Subordination der Theorie unter das Praktische; es folgt, daß alle theoretischen Gesetze auf praktische und, da es wohl nur ein praktisches Gesetz geben dürfte, auf ein und dasselbe Gesetz sich gründen; demnach das vollständigste System im ganzen Wesen; es folgt, wenn etwa der Trieb sich selbst sollte erhöhen lassen, auch die Erhöhung der Einsicht und umgekehrt. Der Fatalismus wird von Grund aus zerstört, der sich darauf gründet, daß unser Handeln und Wollen von dem System unserer Vorstellungen abhängig sei, indem hier gezeigt wird, daß hinwiederum das System unsrer Vorstellungen von unserm Trieb und unserem Willen abhängt: und dies ist denn auch die einzige Art ihn gründlich zu widerlegen. Kurz, es kommt Einheit und Zusammenhang in den ganzen Menschen, die in so vielen Systemen fehlen."

Wir heben schon hier die Quintessenz der Fichteschen Lehre hervor. **Aus einem und zwar einem geistigen Prinzip erklärt er die ganze Welt. Sein System giebt die Durchführung der Lehre von dem Primat der praktischen Vernunft über die theoretische, oder, was damit zusammenhängt, von der sekundären Natur des theoretischen Ich, der Intelligenz und der primären des praktischen Ich d. i. unendlicher Trieb d. i. Wille.** Wir haben demnach bis hierher trotz der grundverschiedenen Form eine vollkommene inhaltliche Übereinstimmung der Prinzipien Fichtes und Schopenhauers. Beide haben das eine Willensprinzip, beide die Lehre von der sekundären Natur des Intellekts. Der Wille schafft sich die Intelligenz, sagt dieser, das praktische Ich ist Grund des theoretischen, jener. Wie der Wille so der Intellekt, lehrt Schopenhauer, wie der Trieb, so die Vorstellungen Fichte[1]).

---

[1] Um zu zeigen welch eine überraschende Ähnlichkeit sogar im Ausdruck sich in den beiderseitigen Prinzipienlehren findet, führen wir eine Reihe von Belegstellen an.

Durch eine Analyse des Selbstbewußtseins hatte Schopenhauer seine Willenslehre erschlossen. Im Selbstbewußtsein hatte er als Wesen des Menschen sein Wollen gefunden. Dieses Wollen, sagt er, läßt sich nicht weiter definieren, weil das Subjekt des Wollens dem Selbstbewußtsein unmittelbar gegeben ist. III, 219. Genau so Fichte im System der Sittenlehre vom Jahre 1798 S. 19: „Was wollen heißt, wird als bekannt vorausgesetzt. Dieser Begriff ist keiner

In der That könnte die geradezu frappante Ähnlichkeit, die sich hier und da in manchen Sätzen findet, fast dazu veranlassen, zu glauben, der jüngere Philosoph habe Gedanken des älteren, bei dem er auch Vorlesungen gehört, so tief in sich verarbeitet, daß er sie später, als er sein System niederschrieb, für seine eigenen Originalideen hielt.

Auch Fichte hat also in dem Willen den Kern des menschlichen Wesens, der ganzen Welt gesehen. Was jedoch beide unter ihrem „Willen" verstehen, ist etwas ganz verschiedenes und darauf beruht auch der Grund, warum der Ausbau des Fichteschen Systems so verschieden von dem Schopenhauerschen ausfällt. Und ehe wir diese Prinzipien einer genaueren Betrachtung unterwerfen, haben wir diesen tiefeingreifenden Unterschied so klar wie möglich darzulegen.

Was das Wesen, oder, wenn wir einen Fichteschen Ausdruck gebrauchen, die Grundform des Schopenhauerschen Willens ist, wissen wir: es ist blindes, erkenntnisloses Streben ins Unendliche

---

Realerklärung fähig und er bedarf keiner. Jeder muß in sich selbst durch intellektuale Anschauung inne werden, was er bedeute, und er wird es ohne alle Schwierigkeit vermögen." Vgl. Syst. d. Sittenl. vom J. 1812 S. 44.

Über den Willen als absolut schöpferisches Prinzip vgl. Staatslehre od. über b. Verh. d. Urst. zum Vernunftreich Fs. W. IV. B. S. 385; Grundriß d. Naturrechts nach Pr. d. W. L. 1796 S. 6. System der Sittenl. 1798, S. 119, wo Fichte polemisirt gegen die Annahme einer „weltschöpferischen Intelligenz". Besonders Bestimmung des Menschen Fs. W. II, 282 ꝛc.

Schopenhauers Lehre von der Objektität des Willens im Leibe ist auch nicht ganz neu. Denn auch bei Fichte finden wir sie. So im System der Sittenlehre 1798 S. 127 vgl. S. 11. Bestimmung des Menschen Fs. W. II, S. 242 und besonders in der Grundlage des Naturrechts vom J. 1796 S. 59 f. 62 ff. Kuno Fischer bemerkt einmal S. 692 in seiner Geschichte der neueren Philosophie im 5. Bande: „So deutlich ausgesprochen und so tief begründet findet sich bei Fichte das Prinzip der Schopenhauerschen Lehre".

ohne Ziel, ohne Aufenthalt, unaufhörlicher Drang zum Dasein und Wohlsein. Der Philosoph versteht unter Willen das Ganze unserer psychischen Thätigkeiten mit Ausschluß des Intellekts, also alles Wünschen, Verlangen, Begehren, Hoffen, Fürchten ꝛc. Dies alles faßt sich zusammen im Willen, und Wille oder Wille zum Leben ist dasselbe. Daher eine vollkommene Trennung des Willens vom Intellekt, welcher nur bei den obersten Stufen der Objektität des Willens vorkommt. Wollen nur um des Wollens willen, weder nach Zwecken, noch nach Begriffen, das ist Wesen des Weltwillens.

Ganz anders Fichte. Er unterscheidet in der Wissenschafts= lehre zwischen theoretischem, praktischem und absolutem Ich. Das theoretische Ich ist die Intelligenz; das praktische der ins Unend= liche strebende Wille d. h. aber der Wille mit der Idee des abso= luten Ich, demnach ein Ich, das noch nicht unendlich ist, sondern es sein soll. Absolut sein kann das Ich nur, indem es praktisch ist, aber praktisch ist das Ich nur, indem es ins Unendliche strebt und absolut werden will, werden soll. Was also ist das Wesen des praktischen Ich (Wille), was setzt dieses Ich in die Thätigkeit des unendlichen Strebens? Die Idee des absoluten Ich (vgl. bes. Fs. W. I, S. 277 ff.). Demnach ist dieser unendliche Trieb, der sich sehnt nach der Befriedigung, die nur besteht in der Harmonie zwischen Trieb und Handlung, dieser Trieb um des Triebes willen, dieses Streben, das nicht dies oder jenes haben will, sondern seine Befriedigung blos in sich selbst, d. h. nicht im Erfolg, sondern allein im Streben findet, es ist und kann kein andres sein, als der sittliche Trieb. Das praktische Ich, dessen Grundform Wille ist, ist sittlicher Wille vgl I, S. 301 ff. und K. Fischer S. 591.

Fichtes Sittenlehre bringt uns dasselbe Resultat. Hier unter= scheidet er zwischen empirischem und reinem Ich. Das letztere ist nichts anderes als das praktische Ich, die absolute Selbstthätigkeit, der Trieb um des Triebes willen. Das empirische dagegen, das sinnliche, leibliche, beschränkte ist der Naturtrieb. Derselbe begehrt die Naturobjekte aus keinem andern Grunde und zu keinem andern Zweck als zu dessen Befriedigung (Syst. b. Sittenl. 1798 J.S. W. IV, S. 128). Diese Lust ist sein letzter Zweck. „Das blos empirische Ich hat keinen Charakter, sie sind alle sich gleich, denn sie sind Natur. Alle haben den einzigen Zweck der Selbsterhaltung, fliehen den Schmerz, wollen sinnliches Wohlsein" ꝛc. (Sittenl. 1812 S. 68 f.). Als Naturprodukt hat es keinen andern Zweck als sein Dasein. Dieses empirische Ich ist genau der Schopenhauersche erkenntnislose blinde Wille, Drang zum Dasein und Wohlsein. Es folgt nun aber sofort bei Fichte die andere Seite seines Ich.

Das Ich ist nicht blos Naturwesen und Naturtrieb, sondern ist sich als solches Objekt d. h. Bewußtsein. „Nur das reflektierte ist Natur; das reflektierende ist ihm entgegengesetzt, sonach keine Natur und über alle Natur erhaben" ꝛc. Syst. b. Sittenl. S. 131. Der reflektierte bewußte Trieb ist also der mächtigere, er begründet in der menschlichen Natur das sittliche Verhalten, ist nichts anderes als <u>sittlicher</u> Trieb, praktisches Ich, sittlicher Wille. „Der Wille ist das absolut schöpferische Prinzip der Welt: Diese seine Produkte und Effekte. Dieser hat seinen gegebenen Inhalt, sein anzustrebendes Ziel in dem Sittengesetz" (Staatslehre S. 390 f.).

Aus alle dem wird klar geworden sein, wie gewaltig der Unterschied ist zwischen dem Wesen des Schopenhauerschen und dem Wesen des Fichteschen „Willen". J e n e r e r k l ä r t i h n a l s W i l l e n n u r z u m D a s e i n, W o l l e n u m d e s W o l l e n s w i l l e n, l e t z t e r e r d a g e g e n e i n e r s e i t s a l s s i t t l i c h e n u n d a n d r e r s e i t s a l s b e w u ß t e n W i l l e n. D i e s e b e i d e n B e s t i m m u n g e n h a t S c h o p e n h a u e r g e s t r i c h e n. D e n e i n e n T e i l d e s F i c h t e s c h e n I c h, d a s e m p i r i s c h e, h a t e r b e h a l t e n, d e n a n d e r n b e s e i t i g t. Dies das Resultat der Untersuchung. —

Gleichheit und Verschiedenheit der Willenslehren unserer Denker glauben wir nunmehr zur Genüge nachgewiesen zu haben, es erwächst uns nun die Aufgabe, die gewonnenen Ergebnisse einer kritischen Betrachtung zu unterwerfen.

Wir betrachten 1) den Willen als ein Problem der Psychologie, also sein Wesen und Verhältnis zu den übrigen psychischen Funktionen, 2) den Willen als metaphysisches Prinzip, sein Wesen und Verhältnis zur Erscheinungswelt. Die Erörterung über diese Punkte kann hier natürlich keine erschöpfende sein. Wir betreten damit einen Weg, auf dem noch lange gearbeitet werden wird und muß, ehe er für alle gangbar gemacht sein wird, und wollen uns auch nur mehr einem Beobachter vergleichen, der von dem jetzigen Standort der Philosophie zu überschauen versucht, in wie weit bisher alles Gestrüpp und Gestein, alle Sümpfe und Tiefen hinweggeräumt worden sind, und inwieweit noch mancher Teil des Weges recht uneben ist, als einem Arbeiter, der selbstthätig Hand angelegt hat und glaubt, was andern noch nicht gelungen, in kurzer Zeit mit wenig Mühe selbst vollbringen zu können.

Es handelt sich also darum, zu bestimmen, was eigentlich Willen ist, sich zu entscheiden, ob er bewußt oder unbewußt ist, ihm innerhalb des psychischen Lebens die richtige Stelle anzuweisen, sein Verhältnis zum Intellekt zu untersuchen, zu erkennen, wer das Richtigere getroffen, Fichte oder Schopenhauer, ob man sich ferner den Willen mit unsern Philosophen als Weltprinzip vorstellen kann, ob diesem wiederum mit dem ersteren das Prädikat sittlich und bewußt oder mit letzterem das Prädikat erkenntnislos zuerteilt werden muß.

Im allgemeinen herrschte in der Geschichte der Philosophie bis auf Kant die Einteilung der Seelenvermögen in Verstand und Wille. Auch der platonische θυμός, „affektvoller Wille" hat gewiß keine Ähnlichkeit mit dem Gefühlsvermögen der neueren Psychologie. Seit Kant wurde dann üblich die Dreiteilung der seelischen Funktionen in Vorstellen, Fühlen, Begehren. Gegen diese facultates animae macht einerseits Herbart Front, indem er als primäre Seelenaktion die Vorstellungen annimmt und Fühlen und Wollen in Vorstellungsverhältnisse auflöst, andrerseits Schopenhauer, der das Gefühlsvermögen eliminiert, die Gefühle lediglich als Modifikationen des Willens bestimmt, vom Willen scharf den Intellekt trennt, also im Gegensatz zu der monistischen Psychologie Herbarts einen entschiedenen Dualismus in Bezug auf das animalische Seelenleben vertrit. Fichtes Hauptstärke liegt nicht in psychologischen Untersuchungen, wenn er auch, wie wir sehen werden, hierin einen sehr richtigen Blick gethan hat.

Eine materiale Definition des Willens läßt sich nicht geben, behaupten unsere beiden Philosophen, nur so viel wissen wir unmittelbar, sei es durch „intellektuale Anschauung", sei es durch „Selbsterkenntnis des Ich", daß wir wollen. Dieser für die Methode beider sehr wichtige Satz ist nicht richtig. Denn, ehe ich beispielsweise essen will, fühle ich das Bedürfnis zu essen, ehe mich zu trinken verlangt, habe ich das Gefühl des Durstes (vgl. Lotze, „Medicin. Psychologie" S. 298). Unmittelbar bewußt bin ich mir in diesen Fällen nur eines Unlustgefühls. Will man aber die Ursache desselben wissen, so hat man sie im Nahrungstrieb zu suchen. Daraus folgt, daß an und für sich dieser Trieb und ebenso jeder andere Trieb zunächst unbewußt ist d. h. nur im animalischen Körper vorhanden ist, dem Subjekt bewußt wird er erst durch ein Gefühl der Unlust. Gefühle sind also die Erkenntnisquelle des Triebes, setzen das Vorhandensein eines solchen voraus, sind Erregungen eines Triebes, in denen derselbe dem Subjekt bewußt wird. Nun pflegt man zu unterscheiden zwischen Trieb und Willen, indem man von einem Willen nur in Bezug auf den überlegend handelnden Menschen spricht, ihn einen „Akt des beschließenden Ich" nennt, ihm also Bewußtsein zuschreibt im Unterschiede von dem blinden Trieb, dem das Tier folgt. Klar ist zunächst, daß Nahrungs- und Geschlechtstrieb beim Menschen genau so blind und unbewußt auftreten wie beim Tier. Sie sind daher streng vom Intellekt zu sondern. Der unbefriedigte, nach Veränderung des gegenwärtigen Zustandes strebende Trieb bewirkt ein Unlustgefühl, durch dasselbe kommt er dem erkennenden Subjekt zum Bewußtsein; dieses reagiert darauf und macht sich zum Vollstrecker des ersteren. Eine Thatsache ist es ferner (vgl. Lotze, medicin. Psychol. S. 300), daß die bei weitem größte Zahl der Menschen diesem ihrem auf Erhaltung des Eigenlebens und der Gattung gerichteten Triebe ohne weiteres folgen, so daß das Bewußtsein nur insofern dabei eine Rolle spielt, als sie mit Bewußtsein von ihrem unbewußten Naturtriebe sich leiten lassen, und doch wird jeder sagen, sie thun es infolge ihres Willens. Schon daraus geht hervor, daß hier der Unterschied zwischen Trieb und Willen so gut wie gar nicht vorhanden ist und daß demnach auch dem Willen in allen diesen Fällen das Prädikat unbewußt zukommen wird. Gleichwie der Trieb wird der Wille bewußt erst durch ein Gefühl der Unlust.

Auch aus der folgenden Erwägung geht die objektive Unbewußtheit des Willens hervor. Wir nennen die speziell und individuell bestimmte Willensrichtung eines Menschen seinen Charakter. Die Erfahrung lehrt, daß man seinen Charakter erst nach und nach im Laufe des Lebens kennen lernt, so daß niemand, der weiß, was Charakter ist, auch sofort die Beschaffenheit des seinigen angeben oder sicher voraussagen könnte, wie er bei bestimmten Gelegenheiten handeln würde. Erst durch lange Beobachtung im Verlauf vieler Jahre, durch genaue Controlle über die Art, wie unter gewissen Fällen sich der Charakter äußert, erwirbt man sich eine Kenntnis des seinigen, aber nicht a priori. Auch hieraus folgt, daß der Charakter, die Willensrichtung, von dem Intellekt scharf zu trennen ist, also die Unbewußtheit des Willens. Die übliche Unterscheidung zwischen Begehren, Streben und Wollen ¹), fällt dann auch zusammen, wenn einmal die Unbewußtheit des Willens erkannt ist. Alles Begehren, Streben, Wollen hat das gemeinsam, daß es dem Menschen zum Bewußtsein kommt durch ein Unlustgefühl. Schon aus dem Grunde möchte uns diese Unterscheidung von Trieb, Begehren, Streben, Willen als objektiv unberechtigt erscheinen, als dieselbe nur wieder eine Erneuerung der alten Theorie der facultates animae wäre, gegen welche die ganze neuere Psychologie Front macht. Wenn man also sagt, jeder Mensch, der etwas wolle, müsse doch auch wissen, was er wolle, oder Wollen involviere eine Idee, oder Wollen sei Wählen, so ist dagegen geltend zu machen, daß dies eine Vermengung des Willens mit dem Intellekt ist. Man will oft genug, ehe der Verstand eine Wahl ermöglicht. Die Unterscheidung ferner zwischen niederem und höherem Willen ist gewiß nicht unberechtigt. Nur ist letzterer erst auf einer bestimmten Entwicklungsstufe des Menschen und der Menschheit zu finden und wird erst durch Erziehung und Bildung erworben. Wir können nach dieser Auseinandersetzung mit mehreren bedeutenden Psychologen der Gegenwart behaupten, daß das Seelenleben zunächst ein Triebleben und der Wille scharf vom Intellekt zu trennen ist.

Nach diesen Vorbemerkungen treten wir an eine kurze Kritik der gewonnenen Resultate der Schopenhauerschen und Fichteschen Willenslehre heran. Was zunächst Fichte anbetrifft, so lehrt er mit voller Entschiedenheit, wie wir gesehen haben, die Unabhängigkeit des Willens vom empirischen Bewußtsein. Seine Theorie von der produktiven Einbildungskraft sucht zu beweisen, daß alles Bewußtsein sekundär ist und auf ein Bewußtloses, ihm den Inhalt Gebendes hinzeigt. Dieses „Bewußtlose" ist die freie grundlose Vorstellungsthätigkeit (produktive Einbildungskraft) des reinen Ich

---

1) Vgl. Sigwart, „der Begriff des Wollens und sein Verhältnis zum Begriff der Ursache" in den Tübinger Universitätsschriften aus dem J. 1879.

d. h. des unendlichen Strebens, des sittlichen Triebes. Der sittliche Wille also schafft sich, um sich bethätigen zu können, vermittelst des theoretischen Ich (dessen Grundform die produktive Einbildungskraft) als Objekte das Richtige, die ganze Vorstellungswelt. Hiermit ist deutlich ein Primat des Willens vor der Intelligenz anerkannt, ebenso deutlich wird der Ansatz dazu gemacht, von einer unbewußten Thätigkeit des Willens zu sprechen. Aber indem Fichte den Willen auffaßte als den sittlichen, sich ihn also innig mit einer Idee verknüpft dachte, diese Idee des Sittlichen als ihm an und für sich inhärierend und seinen Begriff konstituierend dachte, hat er ihn doch wieder intellektualisiert, abgesehen davon, daß er Intelligenz und Wille überhaupt nicht rein gesondert hat. Trotz seines Willensprinzips wird der Weltlauf nach ihm kein Willens= sondern ein Vernunftprozeß. Außerdem liegt im Begriff Willen durchaus nicht die nähere Bestimmung des sittlichen. Der reine Trieb ist dem Menschen nicht angeboren, sondern will erst gewonnen sein.

Schopenhauers Verdienst ist es, auf die Unbewußtheit des Willens zuerst nachdrücklich hingewiesen zu haben. Aber er faßt den Willen jedes einzelnen Menschen im Zusammenhang mit seiner Metaphysik auf als unwandelbar, er bleibt immer derselbe, blindes Streben zum Dasein und Wohlsein. Demnach kann sich der Charakter des Menschen nicht ändern, selbst eine relative Willensfreiheit ist unmöglich. Aber diese starre Unveränderlichkeit des Willens widerstreitet der Erfahrung. Schopenhauer behauptet selbst, der Wille könne seine Richtung ganz und gar verändern. Wie ist es aber möglich, daß der Wille eine seiner vorigen Richtung ganz entgegengesetzte einschlagen kann, wenn er sich nicht selbst geändert hat? Nicht blos Augustins Willensrichtung hatte sich nach seiner Bekehrung zum Christentum geändert, sondern sein Wille selbst. (Die christliche Dogmatik nennt diese Umwandlung Wiedergeburt, in der Gott einen neuen Willen schafft). Wie kann dieselbe Ursache, wenn sich deren Wesen nicht im geringsten verändert, plötzlich eine der vorigen ganz entgegengesetzte Wirkung hervorbringen? Schwarze Tinte wird stets schwarz schreiben und nicht auf einmal weiß. Schopenhauer hat auch wohl bemerkt, daß sich mit der gleichsam substantiellen Unwandelbarkeit des Weltwillens eine moralische Weltordnung nicht vereinigen läßt, und dem widerstrebt sein religiöser Sinn. Darum führt er die Verneinung des Willens zum Leben ein, die zwar in der Welt als Thatsache feststeht, nur nicht in sein System paßt. Solchen Widersprüchen wäre er entgangen, wenn er eingesehen hätte, daß der anfangs blinde, unbewußte Wille sich nicht blos auf Objekte der niederen Begierde (Nahrungs- und Geschlechtstrieb) richten kann, sondern auch auf höhere ihm ursprünglich ferner liegende. Wir sprechen von einem moralischen Trieb, einem höheren Wollen. Nun, dieser Wille kann, wie die Erfahrung genugsam lehrt, dem empirischen Triebe beigesellt werden. Ein Wille, der sich auf moralische Zwecke richtet, kann durch Erziehung und Bildung gewonnen werden. Eine Rückverwandlung dagegen des Triebs in autonome Intelligenz ist Ideal, aber keine Wirklichkeit.

Das Resultat dieser Untersuchung ist folgendes: **Fichte hat von Anfang an den Willen intellektualisiert. Seine ganze Philosophie betrachtet, wie sich besonders in der Ethik zeigt, den Menschen weniger als Willens-, als als intellektuelles Wesen. Schopenhauer leugnet, von den Folgerungen seiner Metaphysik gezwungen, die Fähigkeit des Willens, aus dem niederen in ein höheres Wollen übergehen zu können.** Beide sind dadurch in Widerspruch mit Thatsachen des menschlichen Geisteslebens getreten. —

Ihrem Willensprinzip gemäß lehren unsere Philosophen die Abhängigkeit des Intellekts vom Willen. Diese Lehre ist in der That eine der eingreifendsten Entdeckungen der neuesten Philosophie, die sich immer mehr Bahn bricht, während die Theorie von der Unbewußtheit des Willens noch vielfach angefochten wird. Wenn man daher Fichten und Schopenhauer vorwirft, sie wären für die Psychologie von keiner Bedeutung, so ist dieser einzige, konsequent durchgeführte Gedanke schon genügend, um gerade in diesem Zweige der Philosophie ihren Namen unsterblich zu machen, daher jener Vorwurf nicht berechtigt ist.

Die vorkantische Philosophie lehrte mit wenig Ausnahmen den Primat des Intellekts und die sekundäre Beschaffenheit des Willens. Von Sokrates an, der die Tugend für eine ἐπιστήμη erklärte und die vollkommene Abhängigkeit des Begehrens vom Intellekt behauptete, bis auf Spinoza und Leibniz, von denen ersterer das Begehrungsvermögen ganz und gar intellektualisierte, galt jene Umkehrung des wahren Verhältnisses als das Richtige. Erst Kant that den ersten bahnbrechenden Schritt dazu, dieses Verhältnis richtig zu stellen, Fichte und Schopenhauer haben dieses psychologische Problem erst gelöst.

Hier ließe sich auch die Frage entscheiden, über die Originalität Schopenhauers, ob er die Lehre von der Abhängigkeit des Intellekts vom Willen aus Fichte als seiner Quelle geschöpft habe oder nicht. Der erstere selbst behauptet seine Originalität mit den kräftigsten Worten, er bezeichnet eine ähnliche Lehre Schellings: „Wollen ist Ursein" als Vorspuck seiner Lehre. Unsere Meinung geht dahin, daß er seine Willenslehre einem oder zweien seiner Vorgänger direkt nicht entlehnt hat, sondern dieselbe war das Ergebnis seiner Goethe-, Kant-, Fichte-, Schelling-Studien insgesamt. Bei allen diesen spielt der Wille eine so hervorragende Rolle in ihrer Philosophie, daß es eben nur eines so scharfsinnigen Mannes wie Schopenhauer bedurfte, um diese förmlich in der Luft liegende neue Idee aufzusaugen und sie zum Prinzip eines Systems zu machen, zumal sie in der Welt der Erfahrung so viele Anhaltspunkte findet (vgl. S. 28.). Wir glauben gewiß nicht, daß sich ein großer Teil der neueren Psychologen diese Lehre so schnell angeeignet haben würde, wenn Fichte der einzige Philosoph gewesen wäre, der sie vertreten hätte. Dazu treten diese Gedanken im allgemeinen in zu schwieriger Form uns entgegen. Um ihnen mehr Erfolg zu verschaffen, bedurfte es eines so klaren Kopfes und einer so beredten Sprache, wie sie Schopenhauer eigen waren. Demnach mögen wir diesem eine relative Originalität hierin ruhig lassen, er ist nicht der Entdecker dieser Lehre, wohl aber ihr bedeutendster Vertreter. Sie wäre vielleicht ohne seinen Schutz durch den Einfluß der Herbartschen Psychologie eines frühen Todes gestorben.

Für die folgende Darstellung kann verglichen werden Windelband, Vierteljahrsschrift für wiss. Phil. 1878 „Wille und Denken" und Göring, System der krit. Philosophie I, S. 60 ff. und S. 194 ff. Als Motto können wir der kurzen Erörterung voranschicken ein Wort Fichtes in der Schrift über „die Bestimmung des Menschen" Fs. W. II, S. 255: „Welche Einheit und Vollendung in sich selbst, welche Würde der menschlichen Natur! Unser Denken ist nicht in sich selbst, unabhängig von unsern Trieben und Neigungen gegründet; der Mensch besteht nicht aus zwei nebeneinander fortlaufenden Stücken, er ist absolut Eins. Unser gesamtes Denken ist durch unsern Trieb selbst begründet; und wie des Einzelnen Neigungen sind, so ist seine Erkenntnis. Dieser Trieb nötigt uns eine gewisse Denkart auf, nur so lange, als wir den Zwang nicht erblicken; aber der Zwang verschwindet, sobald er gesehen wird; und es ist nun nicht mehr der Trieb, der durch sich, sondern wir selbst sind es, die zufolge des Triebes unsere Denkart bilden."

Man lege sich einmal die Frage vor, wie es kommt, daß die Menschen so verschieden über dieselben Probleme denken, trotzdem doch die Regeln der Logik immer dieselben bleiben — wir meinen natürlich Menschen, die selbstständig denken und nicht andern blind folgen. Liegt das etwa nur an dem größeren resp. geringeren Grade der Intelligenz? Oder nur in dem immensen Einfluß, den Erziehung und Unterricht ausübt? Was das erste anlangt, so ist es oft auffallend, warum verschiedene bedeutende Vertreter nicht nur verschiedener, sondern auch derselben Wissenschaftszweige, seien es Theologen, Juristen, Mediciner, Philosophen, über dieselben Probleme, besonders über solche, die von Wichtigkeit für die Weltanschauung sind, so verschieden denken. Was mag der Grund sein, daß ein hervorragender Theologe, dem Oberflächlichkeit in der Behandlung der Weltprobleme vorzuwerfen oberflächlich sein würde, so anders denkt als ein hervorragender Mediciner oder Naturforscher? Das mag oft genug durch den Unterricht veranlaßt sein. Aber ist der Mensch nur Summe von Faktoren wie Vater, Mutter, Amme, Kost und Lehrer? Warum sind denn zwei Theologen, welche genau dieselbe Erziehung, denselben Unterricht genossen haben, wie dies oft genug vorkommt, in den wichtigsten religiösen Fragen ganz verschiedener Meinung, warum ist der eine extrem orthodox, der andere extrem liberal. Warum gehen Naturforscher in ihren Meinungen über Weltprobleme, trotzdem sie genau dieselben Lehrer gehört, dieselben Studien durchgemacht haben, so entgegengesetzte Wege, der eine nach materialistischer, der andere nach theistischer Richtung zu? Oder um ein recht evidentes Beispiel zu gebrauchen, achte man auf folgendes: Man gehe einmal in ein Parlament und höre hier über Kleinigkeiten, die so ganz entgegengesetzten Äußerungen der Parteiführer. Wer giebt den Ausschlag? Der Intellekt, der bei klugen Köpfen derselbe zu sein pflegt? Und warum giebt es überhaupt in der Mathematik keine verschiedenen Meinungen über Resultate eines Exempels, sondern nur ein Richtig oder Nichtrichtig? Eben weil hier nur der reine Verstand herrscht und nicht der Faktor mitspielt, der überall sonst der maßgebendste ist, der Wille. Nicht etwa meinen wir, daß der Wille überall im Leben alles, der Intellekt nichts gegen ihn ausrichten kann. Dies widerlegt eben die Mathematik und die Kunst, trotzdem auch in letzterer der Wille immerhin eine Rolle spielt, wenigstens wüßten wir nicht, wie man sich sonst die Gegensätze des Idealismus und Naturalismus erklären wollte, wenn nicht auch hier der angeborene Charakter des Künstlers seinen Einfluß geltend macht. Wir wollen also nicht wie Schopenhauer den Intellekt dem Willen gegenüber einfach zu einer Null herabsetzen, denn ohne Zweifel giebt es Denken, Schaffen, das interesseloß rein um des Denkens und Schaffens willen geschieht, aber eben das möchten wir bewiesen haben, daß in den allermeisten Fällen bei allen Fragen des menschlichen Lebens, in denen nicht der reine Verstand walten kann, wo Unsicherheit herrscht und wichtige Lebens- interessen ins Spiel kommen, der Wille den Ausschlag giebt. Daher denn auch in den Gewissenskonflikten, die bei Leibe nicht blos Kämpfe zwischen Vorstellungen sind, sondern der Vorstellungen gegen den Willen, gewöhnlich der letztere siegt, sobald durch seinen Einfluß der Intellekt Mittel und Wege gefunden hat, das Verlangen des Willens zu befriedigen.

Daß der Wille beim weiblichen Geschlecht im Verhältnis zum Verstande ein noch entschiedeneres Übergewicht hat als beim Manne, ist ja nicht nötig noch zu erhärten. Daher man, um ein Weib zu überzeugen, oft die Beweisgründe aus den tiefsten Schachten menschlicher Weisheit holen kann, um doch schließlich nur das Resultat zu hören: ja, ich kann Dich nicht widerlegen, Deine Gründe scheinen richtig, aber ich fühle es anders. Das heißt, der Verstand ist überzeugt, aber der Wille nicht.

Zu dieser Betrachtung, deren Wahrheit uns die alltägliche Erfahrung bezeugt, fügen wir noch einige tiefer gehende psycho- logische Bemerkungen hinzu. Man pflegt in der Psychologie zu unterscheiden zwischen unwillkürlichem d. h. ohne Beziehung zum Willen vollzogenem und willkürlichem d. h. vom Willen beherrsch- ten Denken. Dieser Gegensatz ist zwar richtig, aber für das gewöhnliche Leben gewaltig einzuschränken. Unwillkürliche Vor- stellungen giebt es im Traum, in der Kunst, dem interesselosen Anschauen. Im gewöhnlichen Leben werden bei der „Allgegenwart der Gefühle" die Vorstellungen immer den Weg nehmen, der in, wenn auch nur ganz geringer Verbindung steht mit irgend einem Gefühl, oder, wenn wir es deutlicher sagen, mit dem unbewußten Willen, der den Menschen auf allen seinen Lebenswegen begleitet, mag er einen Brief oder wissenschaftliche Werke schreiben. So, wenn jemand glaubt, eine Weltanschauung rein aus intellektuellen Gründen zu vertreten, während es doch im Geheimen der Wille ist, der mittelst des Intellekts ihm die Feder führt. Der katholische Geistliche, der die Unfehlbarkeit des Papstes verficht oder für den geocentrischen Irrtum noch heute eintritt, ist gewiß davon überzeugt, daß er für seine Sache rein aus intellektuellen Gründen streitet, aber je gelehrter er auch sonst sein mag, um so sicherer wird man behaupten können, daß der Intellekt hier gehorsam seinem Meister, dem Willen, folgt, zumal letzterer dem Subjekt selbst unbewußt sein mag. „Der anfänglich bewußte[1]) Wille", sagt Windelband, „wird bald zu einem unbewußten und dieser Übergang vollzieht sich unwillkürlich, der Gang, in welchen wir oft unsere Gedanken willkürlich hineingezwungen haben, wird bald zu einem ausgetretenen Wege, in welchen sie von selbst und absichtslos hineingeraten. Daher existiert jener obengenannte Gegensatz zwischen dem willkürlichen und unwillkürlichen Denken mit dieser Schneide nicht. Der Prozeß ist nur einer. Alles Denken befindet sich in seinem Verlauf ausnahmslos unter dem Einfluß des Willens. Es ist nicht wahr, was sich als allgemeine Auffassung eingebürgert hat, als stehe der Wille dem Denken wie ein Fremder gegenüber und werfe nur in dessen ruhigen Abfluß stoßweise seine bestimmenden Absichten hinein. Alle Vorstellungsbewegung wird vom Willen geleitet, ob dieser bewußt oder unbe-

---

1) Bewußt und unbewußt sind hier in leicht erkenntlicher anderer Bedeutung gebraucht, als in den obigen Erörterungen über den anfänglich unbewußten Willen S. 21 f.

wußt ist, bleibt für die Möglichkeit und das Wesen dieser Leitung gleichgültig." (Vierteljahrsschrift f. wiss. Phil. 1878 S. 286.) Man wird es daher wohl verstehen, wenn wir die Redeweise: ich kann das aus den und den Gründen nicht glauben, schließlich zurückführen auf das richtigere: ich will es nicht glauben. Wenn z. B. der Materialismus uns mit noch so überzeugenden Gründen käme, um uns die mechanistische Weltanschauung aufzubürden, so würde uns ebenso überzeugende Gegengründe in Menge verschaffen allein schon der geheime Widerwillen, den wir a priori gegen seine Resultate hegen. Darum hat auch Fichte vollkommen Recht, wenn er sagt, eine Weltanschauung wie der Idealismus läßt sich nicht ohne Weiteres jemandem andeducieren, es gehört vor allen Dingen dazu ein bestimmter Charakter (JS. W. I, S. 434). Darum lehrt die christliche Dogmatik mit vollem Recht, um an die Dogmen der christlichen Religion zu glauben, gehört vor allem ein für die Wahrheiten der christlichen Religion empfänglicher Wille (Glauben = velle et accipere).

Wir halten demnach diese Lehre unserer beiden Philosophen von der Abhängigkeit des Intellekts vom Willen für eine ganz bedeutende Entdeckung und stehen daher nicht an, ihr unsere entschiedene Zustimmung zu erteilen.

Man darf sich aber auch hier keine Übertreibung zu Schulden kommen lassen, indem man behauptet, daß der Verstand als Accidens des Willens diesem überhaupt nicht hinderlich werden könne. Dies könnte nur dann richtig sein, wenn Schopenhauers Metaphysik stichhaltig wäre, nach der allerdings das ganze Vorstellungsvermögen nur Produkt des Willens ist, während wir denselben bisher nur als maßgebenden Faktor im Vorstellungsverlauf erkannt haben. Über diese metaphysische Erweiterung einer psychologischen Lehre haben wir uns daher jetzt zu äußern.

Man hat beiden Philosophen vorgeworfen (vgl. Siebeck, Vierteljahrsschrft. f. wiss. Phil. 1878 S. 2; S. 173), sie hätten eine bestimmte Seite der Erfahrung zum metaphysischen Prinzip gemacht, hätten diese bestimmte Seite der Erfahrung, die doch durch den übrigen Inhalt der Erfahrung in ihrer empirischen Beschaffenheit mitbedingt ist, diesem Übrigen als das Unbedingte und jenes selbst erst Bedingende gegenüber gestellt. Eine psychologische Erscheinung werde einfach zum metaphysischen Prinzip erweitert. Man müsse vielmehr aus der Totalität der ganzen Erfahrung die Welträtsel zu begreifen suchen.

Und besonders Schopenhauer wird deswegen von vielen Seiten heftig getadelt, daß er den Makrokosmus nach dem Mikrokosmus erklärt, daß er ihn anthropomorphisch oder makanthropisch gedeutet habe. Nun, jene Deutung aus der „Totalität" der Erfahrung klingt ja ganz schön, sie aber zu verwirklichen, dürfte recht schwer sein. Denn da hat der unsterbliche Kant dem stolzen menschlichen Erkenntnisvermögen einen so verzweifelten Schlag versetzt, als welches wohl bis zu den Erscheinungen, aber nicht bis zum Ding an sich reiche. Und dann bedenke man doch, daß Schopenhauer dies Resultat der Kantschen Vernunftkritik sich angeeignet hat und daher auf anderem Wege in den geheimnisvollen Tempel der Dinge an sich einzudringen sucht. Will man ihm demnach unphilosophisches Philosophieren vorwerfen, so widerlege man erst die Ergebnisse der Kritik der reinen Vernunft. Gewöhnlich führen solche Erklärungen aus der Totalität der Erfahrung zu leeren Abstraktionen, bei denen man sich nichts denken kann. Ohne einen gewissen Grad von Anthropomorphismus wird sich überhaupt keine Metaphysik denken lassen, denn aus unserer Haut fahren können wir nun einmal nicht. Auch dem Hegelschen System mit seiner absoluten Weltvernunft könnte man denselben Vorwurf machen. Wir wüßten nicht, wie man sich überhaupt ohne metaphysische Deutung eines empirischen Phänomens die Welt monistisch erklären wollte. Wenn die Naturwissenschaft aus dem Kraft-Stoff durch allmähliche millionenjährige Entwicklung die organischen Wesen bis zum Menschen entstehen läßt, so ist doch klar, daß sie den eigentümlichen Grundstoff, der das Wesen der unorganischen Natur bildet, auch im höchsten Organismus, dem Menschen, finden muß. Denn das Wesen aller Dinge, Kraft-Stoff, wird immer und ewig dasselbe bleiben. Kraft und Stoff sind nun aber solche Ausdrücke, bei denen sich vielleicht Büchner beruhigt, der Philosoph dagegen wird sich fragen, was ist Kraft, was ist Stoff? Und wenn Fichte und Schopenhauer im Willen das Wesen des Menschen gefunden zu haben glauben und der letztere sich nach Analogie dieses Wesens das Wesen der ganzen Welt erklärt, so ist das, die Einheit des Urwesens auf allen Stufen vorausgesetzt, direkt nicht abzuweisen.

Ist es denn nun etwas Absurdes, sich ein Weltbild mit dem Willensprinzip zu denken? Jeder, der sich einmal unbefangen in die Schopenhauersche Ideenwelt versenkt hat, wird zugeben, daß dieser Gedanke zuerst etwas zwar Wunderliches, aber doch nicht gerade Absurdes hat, sich einen erkenntnislosen Willen als Weltprinzip zu denken, zumal, wenn eine Schopenhauersche Feder es ihm zeichnet. Jeder, der mit klarem Auge sich in der Welt umsieht und ihre Geschichte durchläuft, wird sich sagen müssen, daß dieser „pessimistische Roman" des unbewußten Weltwillens zwar mit den meisten Romanen das gemeinsam hat, daß er nur eine bestimmte Seite der Erfahrung schildert und auch diese noch in übertriebenen Farbentönen malt, daß derselbe aber doch auch in vielen Fällen viel Richtiges getroffen hat. Was ist es denn, was die Menschheit von dem idealen Standpunkt unbestechlicher Moralität aus betrachtet so niedrig und klein erscheinen läßt? In der Religion heißt es Sünde, bei Schopenhauer ist es der Wille selbst. Wie viel größer ist doch die Zahl der Wesen, die ihren blinden Trieben folgen, als diejenigen, die von der Vernunft sich leiten lassen! Was für eine ungeheure Summe von Mühe und Arbeit führt der erkenntnislose Nahrungstrieb, was für eine Unzahl von

Unmoralität der blinde Geschlechtstrieb mit sich! Wie riesenstark ist nicht der Egoismus, diese Grundform des Willens, im Leben jedes einzelnen Menschen, wieviel stärker wird er im Verkehr der Klassen gegen einander und wie so ganz herrscht er im Kampfe der Nationen und Völker um Sein oder Nichtsein! Das heutige Leben zeigt ein so rastloses Jagen nach Glück, Ehre und Gewinn, verlangt bei geringem Lohn einen so gewaltigen Aufwand von Kraft jedes einzelnen und der verschiedenen Klassen und Stände, um sich erhalten zu können gegen die Konkurrenz der Mitmenschen, daß es oft scheint, als säße hinter der Weltscene ein vernunftloser Weltdirektor, der an geheimen Fäden seine Figuren nach Willkür umhertreibt. Darwin nennt den Kampf ums Dasein ein Moment der Weltentwicklung. Niemals würde ein solcher Kampf entstehen können, wenn den Geschöpfen nicht ein so riesenstarker Lebenswille eingepflanzt wäre. Daher hat der Kampf ums Dasein den Willen zum Leben zur Voraussetzung. Wir sprachen bis jetzt hauptsächlich von dem erkenntnislosen Willen und seinen Früchten in der Menschenwelt. Daß im Tierleben der vernunftlose Trieb der gewaltthätige Beherrscher seiner Unterthanen ist, wird nicht bezweifelt. Nun kommt die Naturwissenschaft und sucht den organischen Zusammenhang auch zwischen Pflanzen und Tierwelt zu beweisen. Auch hier gehört nicht viel Phantasie dazu, um in der Pflanzenwelt denselben blinden Willen mit seinem treuen Begleiter, den Kampf ums Dasein, zu sehen. Von der organischen bis zur unorganischen Natur ist allerdings ein kolossaler Schritt, aber was die Naturwissenschaft durch Generatio aequivoca zu erklären sucht, das deutet sich Schopenhauer mit Hülfe der platonischen Ideen. Beides sind Hypothesen, die noch des Beweises bedürften. Indessen einen blinden, ziellosen Willen zum Weltprinzip machen zu wollen, ist eine Schopenhauer selbst zu sich frappant widersprechenden Gedanken führende Annahme. Denn 1) schafft sich dieser thörichte Wille — ist er zwar wahnsinnig, hat er doch

Methode — eine durchaus gesetzmäßig geordnete Welt — warum, soll man nicht fragen eine Welt, die aber doch den Stempel der Unvernunft auf ihrer Stirn trägt. 2) der blinde Wille, dessen Grundform absoluter Egoismus, absoluter Drang zum Dasein und Wohlsein ist, schafft sich eine Welt, die dabei doch durchaus eine moralische Bedeutung haben soll! 3) der blinde Wille schafft sich einen Diener, den Intellekt und damit die Erscheinungswelt. Dieser sein Sklave hat aber die Bestimmung, seinem Meister und Schöpfer über den Kopf zu wachsen und — ihm den Garaus zu machen. Diese Inkonsequenzen sind zu auffallend, als daß man sich einfach über sie hinwegsetzen könnte. Diese von Naturgesetzen geregelte Welt, zumal wenn sie eine moralische Bedeutung haben soll, kann nun und nimmermehr Werk eines unvernünftigen Weltwillens, also Werk eines Zufalls sein. Diese Zufallswelt hat Schopenhauer mit dem Materialismus gemeinsam, welchen er doch sonst so sehr verwünscht. Will man durch unsere ganze Schöpfung einen sittlichen Zweck verwirklicht sehen, so muß man ihr auch mit Fichte einen sittlichen Schöpfer belassen. Da wir indessen über eine etwaige moralische Auslegung der Welt noch später zu sprechen haben, so lassen wir diese Frage vorläufig auf sich beruhen. —

Schließlich noch ein kurzes Wort über die Art, wie unsere Philosophen aus ihrem Willensprinzip die Erscheinungswelt abgeleitet haben.

Das Ich und der Wille, diese beiden Weltfaktota sind uns, wie wir schon gesehen haben, nichts Neues. Fichte nämlich deduziert aus seinem Ich die Formen des Erkennens Zeit, Raum und die Kategorien. Demnach geht das Ich diesen Formen voraus, es ist unräumlich, unzeitlich, grundlos, es ist also nichts anderes als das Kantsche Ding an sich. Der andere betrachtet den Willen als Ursein, der Intellekt ist erst von seinem Meister geschaffen zu seinem Dienste, der Wille daher von dem Sklavenjoch des Raumes, der Zeit und der Kausalität frei d. h. er ist nichts anderes als das Kantische Ding an sich. Fichte macht Zeit, Raum und die Kategorien und damit die ganze Erscheinungswelt zu einem Produkte des Ich, d. h. betrachtet das Ich, auf das man den Satz von der Kausalität nicht anwenden dürfte, da es kausalitätslos ist, als Ursache der Erscheinungswelt, hat also, trotzdem er den Platz des Ding an sich in uns selbst verlegt hat, denselben Fehler gemacht wie Kant, der auf eine inkonsequente Weise das Ding an sich ableitete, wie schon Aenesidemus-Schulze nachwies. Schopenhauer läßt den Willen sich „ein Licht anzünden" in dem Intellekt und nun mit einem Male steht die ganze Erscheinungswelt da mit all ihren Milchstraßen, Planeten und Fixsternen, oder mit andern Worten der Wille ist Schöpfer, Ursache der Erscheinungswelt, während er doch kausalitätslos sein soll d. h. er hat, was man bis jetzt noch wenig bemerkt zu haben scheint, genau denselben Fehler begangen, den Fichte und Kant begangen, mit dem Unterschiede, daß Kant ausgeht von der Erscheinungswelt und mittelst der Kausalität auf ein Ding an sich schließt, Schopenhauer aber vom Ding an sich mittelst der Kausalität zur Erscheinungswelt kommt.

Hiermit sind wir am Schlusse des theoretischen Teils unserer Betrachtung und gehen über zum praktischen.

II. Teil.

1. Kapitel.
Die Konsequenzen der Willenslehre Fichtes und Schopenhauers für die Weltanschauung.

Aus den Prinzipien der Philosophen haben wir jetzt ihre Weltanschauung zu entwickeln. Was der blinde Urwille und was der sittliche Trieb sich für eine Welt schaffen, was sie als Schöpfer von ihren Geschöpfen fordern, wie diese sich zu ihrem Erzeuger verhalten, ob sie ihn als ihren Vater anerkennen, ihm gehorchen und dienen, oder sich schnöde von ihm abwenden sollen, ob sie ihm für das Geschenk des Lebens dankbar sein oder den Tag ihrer Geburt verfluchen müssen, ob sie auf einer „wohlgegründeten dauernden Erde mit festen markigen Knochen" ringend und schaffend für das Wohl ihrer Brüder kämpfen und arbeiten oder ob sie sich von diesen abwenden und den schlechten Kindern eines schlechten Vaters ihre Traumwelt überlassend sich in die Einsamkeit willens- und energieloser Unthätigkeit versenken sollen, dies wollen wir jetzt unternehmen zu schildern. Wir treten hier in das Allerheiligste unserer Denker ein und haben daher mit dem heiligen Respekt, den wir großen Geistern schuldig sind, sine ira et studio beide Weltanschauungen an uns vorüberziehen zu lassen, uns in ihre Ideen zu versenken. Und wenn uns hier zwei Spiegel vorgehalten werden, in denen uns das menschliche Leben gezeigt wird, und wir in dem einen oft ein Karrikaturenkabinet, ein Narrenhaus, eine Gaunerherberge zu sehen glauben, in dem andern dieselben Wesen als eine zu den höchsten sittlichen Idealen strebende Menge erblicken, so haben wir uns nicht erschreckt und unwillig von dem einen Bild abzuwenden und vor Bewunderung das Schönere ohne Weiteres für das Richtigere zu halten, sondern in beiden haben wir uns gleichsam wiederzuerkennen und aus ihnen herauszulesen, nicht blos, was gut und schön, sondern auch, was schlecht und häßlich ist. Wir würden ungerecht handeln, wenn wir uns gleich eine Parteilichkeit zu Schulden kommen ließen, denn wir haben es zu thun mit zwei Männern, denen es tief- und bitterernst ist mit ihren praktischen Anschauungen, zwei Philosophen von hervorragend ethischer Geistesrichtung, zwei Systemen, deren Kernpunkt die Moral ist.

Die Weltanschauung ist das Heiligtum eines Philosophen,

hier ist das Herz, aus dem die Ideen quellen, aus ihr erwachsen auch die Prinzipien eines Systems, nicht etwa umgekehrt. Denn mag ein Philosoph induktiv oder deduktiv philosophieren, mag er scheinen aus Begriffen oder aus der Anschauung sich seine Welt und ihre Prinzipien erschlossen zu haben, immer wird man bald erkennen, daß der tiefe Schacht, aus dem die Gedanken hervor geholt sind, sein moralisches Ich ist, nicht sein intellektuelles. Erst schaut er mit dem Herzen und dann erst sucht das Auge nach Gründen und Ursachen, erst hat er den Willen etwas zu suchen, dann schaut er sich nach den Mitteln um. Er ist zu vergleichen einem Künstler, der das Werk, das er schaffen will, eher geschaut hat, als er das Material dazu herbeiholt, einem Mathematiker, der eine Figur fertig vor sich liegen sieht und dann erst die Hülfs= linien zieht, um sie sich zu erklären. Das Werk, das der erstere schaffen will, die Figur, welche fertig vor dem zweiten daliegt, ist beim Philosophen seine Weltanschauung, das Material, das er herbeischafft, die Hülfslinien, die er zieht, sind die Prinzipien. Die Überzeugung ist Sache des Willens, die Weltbegreifung fließt aus dem Charakter des Menschen. Daher hat es denn immer den Anschein, als ob aus obersten Sätzen, wie dies bei einem System nicht anders möglich ist, die Weltanschauung geschlossen wird, wäh= rend das Verhältnis in Wirklichkeit gerade das umgekehrte ist. Auch hier zeigt das praktische Ich seine dominie= rende Stellung über das theoretische, auch hier setzt der Wille dem Intellekt die Sporen ein, um ihn zu seinem Dienste zu zwingen. Allerdings kommt es zuweilen vor, daß Prinzipien und Weltanschauung nicht recht zu einander stimmen, daß der Verstand dem Herzen nicht gehorchen will oder kann, und daher kommt auch die Uneinigkeit, in der sich erste Sätze eines Denkers mit ihren Konsequenzen be= finden. Sollte er daher dessen selbst inne werden, so wird er zwar vielleicht glauben, falsches Material herbeigeschafft oder falsche

Hülfslinien gezogen zu haben, nie aber die Wurzel seiner falschen Prinzipien für fehlerhaft oder wurmstichig halten. Naturam expellas furca, tamen usque recurret. Wenn wir dies beherzigen, werden wir die Systeme unserer Philosophen leichter verstehen und werden auch die tiefe Bedeutung der Fichteschen Lehre vom sittlichen Willen recht zu würdigen wissen. Wir werden auch erkennen, daß der tiefste Grund, die eigentliche Triebfeder absichtlichen Denkens, wenn auch dem einzelnen oft unbewußt, im moralischen Zwecke, in der moralischen Idee liegt, oder wenn wir einen metaphysischen Ausdruck Fichtes psychologisch gebrauchen dürfen, im absoluten Ich. — Doch nun zur Sache.

Wir werden aus den obengenannten Gründen wiederum von Schopenhauer ausgehen, entwickeln, wie er aus seinen Prinzipien seine Weltanschauung folgert, dasselbe mit der Fichteschen Philosophie thun und das Resultat beider einer eingehenderen Betrachtung unterziehen.

Das wahre Ansich der Erscheinungswelt, lehrt Schopenhauer, ist Wille. Dieser ist erkenntnisloses, blindes Streben ohne Ziel, ohne Rast. Also sehen wir auch in der Erscheinungswelt einen immerwährenden erkenntnislosen Drang zum Dasein ohne Ziel, ohne Rast, ohne Befriedigung (III, S. 399). Und wenn man sich dann umsieht nach dem Lohne für alle diese Mühe und Kunst, mit der jedes animalische Wesen sein Leben erhält, und fragt, was kommt dabei heraus, was wird dabei erreicht durch das tierische Dasein, welches so unübersehbare Anstalten erfordert, so bringt sich die Ansicht auf, daß das Leben ein Geschäft ist, dessen Ertrag bei Weitem nicht die Kosten deckt (ib. S. 403). Bei diesem offenbaren Mißverhältnis zwischen der Mühe und dem Lohn erscheint uns der Wille zum Leben als ein Thor, ein Wahn, genauer als ein völlig grundloser unmotivierter Trieb. „Während jeder eigentlich gerne ruhen möchte, sind Not und Langeweile die Peitschen, welche die Bewegung der Kreisel unterhalten. Daher trägt das

Ganze und jedes Einzelne das Gepräge eines erzwungenen Zustandes, und Jeder, indem er, innerlich träge, sich nach Ruhe sehnt, doch aber vorwärts muß, gleicht seinem Planeten, der nur darum nicht auf die Sonne fällt, weil eine ihn vorwärts treibende Kraft ihn nicht dazu kommen läßt. So ist denn alles in fortdauernder Spannung und abgenötigter Bewegung und das Treiben der Welt geht, einen Ausdruck des Aristoteles (de coelo II, 13) zu gebrauchen, οὐ φύσει ἀλλὰ βίᾳ (motu, non naturali, sed violento) vor sich. Die Menschen werden nur scheinbar von vorne gezogen, eigentlich aber von hinten geschoben: nicht das Leben lockt sie an, sondern die Not drängt sie vorwärts." III, 410. Die Basis alles Wollens aber ist Bedürftigkeit, Mangel, also Schmerz II, 365, dem der Mensch folglich schon ursprünglich und durch sein Wesen anheimfällt. Fehlt es ihm hingegen an Objekten des Wollens, indem die zu leichte Befriedigung sie ihm sogleich wieder wegnimmt, so befällt ihn furchtbare Leere und Langeweile d. h. sein Wesen und sein Dasein selbst wird ihm zur unerträglichen Last. Sein Leben schwingt also, gleich einem Pendel hin und her zwischen Schmerz und Langeweile, welche beide in der That dessen letzte Bestandteile sind. Und der Zweck dieses Lebens? Wenn es Selbstzweck wäre, so wäre es der albernste Zweck, der je gesetzt worden VI, 306. Das Leben ist Leiden. Und doch giebt es einen Weg, sich von diesem Leiden des Lebens zu befreien, nicht etwa durch Selbstmord, als welcher doch nur eine Form der Bejahung des Willens zum Leben ist, sondern durch Askese und Heiligkeit. Aber wie kann sich denn der Mensch von seinem eigenen Wesen befreien? Der Wille, der in allen seinen Erscheinungen der Notwendigkeit unterworfen ist, ist als Ding an sich frei; diese Freiheit kann sich nicht blos so äußern, daß sie im Menschen, der die Erkenntnis seines Leidens hat, sein Wollen keineswegs hemmt, sondern es nur vermehrt, dann bejaht sich der Wille zum Leben. Oder aber das Gegenteil tritt ein. Es zeigt sich die Verneinung des Willens zum Leben, wenn auf jene Erkenntnis hin das Wollen endet, indem sodann die einzelnen Erscheinungen nicht als Motive des Wollens wirken, sondern als Quietiv, und so der Wille frei sich selbst aufhebt. Dies geschieht in den Phänomenen der Askese und Heiligkeit. Was nach gänzlicher Aufhebung des Willens übrig bleibt, ist das Nichts. In denen, in welchen sich der Wille gewendet und verneint hat, ist diese unsere so sehr reale Welt mit allen ihren Sonnen- und Milchstraßen — Nichts.

Die Schopenhauersche Willenslehre ist also ein konsequent durchgeführter Pessimismus. Und dieser ist nach Schopenhauer, wie die Weltanschauung der bedeutendsten Religionen, der großen Geister aller Zeiten und das allgemein menschliche Gefühl zeigt, die einzig richtige Betrachtung des menschlichen Lebens. Der Optimismus dagegen, wo er nicht etwa das gedankenlose Reden solcher ist, unter deren platten Stirnen nichts als Worte herbergen, ist nicht blos eine absurde, sondern eine wahrhaft ruchlose Denkungsart, ein bittrer Hohn über das namenlose Leiden der Menschheit II, 385. Der Ursprung des Optimismus besteht in der Erklärung der Welt aus einem anaxagoreischen νοῦς d. h. aus einem von Erkenntnis geleiteten Willen. Diese verlangt notwendig zu ihrer Beschönigung den Optimismus. „Den handgreiflich sophistischen Beweisen Leibnitzens, daß diese Welt die beste unter den möglichen sei, läßt sich ernstlich und ehrlich der Beweis entgegenstellen, daß sie die schlechteste unter den möglichen sei III, 669: „Nachdem die optimistischen Systeme ihre Demonstration vollendet und dazu ihr Lied von der besten Welt gesungen haben, da kommt zuletzt hinten im System, als ein später Rächer des Unbilds, wie ein Geist aus den Gräbern, wie der steinerne Gast zum Don Juan, die Frage nach dem Ursprung des Übels, des ungeheueren, namenlosen Übels, des entsetzlichen, herzzerreißenden Jammers in der Welt, — und sie verstummen, oder haben nichts als Worte, leere, tönende Worte, um eine so schwere Rechnung abzuzahlen.

Hingegen wenn schon in der Grundlage eines Systems das Dasein des Übels mit dem der Welt verwebt ist, da hat es jenes Gespenst nicht zu fürchten, wie ein inokuliertes Kind nicht die Pocken, dies aber ist der Fall, wenn die Freiheit, statt in das operari in das esse gelegt wird und nun aus ihr das Böse, das Übel und die Welt hervorgeht."

Ohne vorläufig auf eine Kritik dieser Weltanschauung einzugehen, stellen wir ihr, um den Kontrast lebendig zu veranschaulichen die Fichtesche [1]) gegenüber. (Wir geben jetzt vorläufig nur einige markante Züge derselben, da wir weiter unten noch einmal von ihr zu sprechen haben).

Seine Philosophie führt uns in eine andere Welt. Schon deren Schöpfer war ja ein ganz anderer. Der sittliche Wille ist es hier, die Idee des absoluten Ich, welche den Kern des Universums bildet. Hier strebt man nicht ziellos, nicht blind drauf los, sondern alles, was da erscheint, hat einen hohen idealen Zweck. Die Natur, das Nichtich ist nur dazu da, ja sie mußte deshalb dasein und vom Ich produziert werden, damit sie die sittliche Aufgabe möglich macht. Mag der Mensch leiden, mag die Welt empirisch noch so unvollkommen sein, es giebt eine Panacee gegen jeden Pessimismus, es ist die Idee des absoluten Sollens, des Triebs um des Triebes willen, es ist das Gebot der Pflicht. Vehikel des Pflichtgebotes, des Sittengesetzes ist das Universum. Damit das Sittengesetz erfüllt werden könnte, ist die Welt da. „Das absolut letzte Ziel des sittlichen Willens ist eine Sittlichkeit außer ihm" Sittenl. 1812 S. 83. Selbstthätigkeit, Freiheit,

---

[1]) Allerdings sind wir hier etwas im Nachteil gegenüber der Schopenhauerschen Weltbegreifung. Denn wir haben hier eine Ansicht, die ganz und gar anthropomorphisch zu nennen ist, denn sie beschäftigt sich nur mit einem kleinen Teile der Natur, nämlich mit dem Menschen und seinen Handlungen, daher sie an Universalität mit der Schopenhauerschen nicht zu vergleichen ist.

Handeln sind die Begriffe, um die sich die Weltgeschichte dreht. Alles wirkliche Handeln geht aber nicht etwa auf die Vernichtung des Naturtriebes, sondern auf die Befreiung von seiner Herrschaft, auf seine Unterordnung unter den Zweck der Freiheit Sittenl. 1798 S. 147.

Bei einer solchen Anschauung des Lebens, das wie eine große Thathandlung des praktischen Ich erscheinen sollte, hat ein Gegensatz wie Optimismus und Pessimismus keinen Sinn. Wenn die ganze Welt nur Mittel ist, damit das Sittengesetz seine Objekte habe, dann wird das Leiden auch nur Mittel, niemals Zweck. Jener Gedanke, daß das Ich theoretisch ist, um praktisch zu sein, ist ein Kolossalgedanke, dessen Großartigkeit wir fürs erste willenlos bewundernd anschauen. Aber er hat auch einen Nachteil. Wer sich zu einer solchen Höhe der Anschauung emporzuschwingen vermag und von dort aus herabschaut, der wird keinen scharfen Blick mehr haben können für das Elend und die Freude der Marionetten des Sittengesetzes. Und diese Höhe ist kalt und das warme menschliche Herz friert, wenn es wirklich versucht, daselbst eine Zeitlang zu verweilen. Will es sich nicht in den Mantel der Gleichgültigkeit und Einseitigkeit hüllen, so steigt es wieder herab von dieser eisigen Höhe, mischt sich wieder unter seine Kameraden und sucht im Leiden mit ihnen zu weinen, im Glück mit ihnen fröhlich zu sein.

Diese Andeutungen über die Weltanschauungen unserer Philosophen werden vorläufig genügen, um uns auf die Gegensätze vorzubereiten, die trotz der Einheit des Grundprinzips im weiteren Ausbau der Systeme sich zeigen werden. Wenn wir daher jetzt die Sittenlehren beider ins Auge fassen, so werden wir uns die so große Verschiedenheit der Hauptsätze leichter erklären können.

Die Schopenhauersche Ethik ist durchaus nur deskriptivisch, die Fichtesche durchaus nur imperativisch. Dieser besiehlt dem Menschen: erfülle Deine Bestimmung, seine Philosophie beginnt mit einer Forderung, jener läßt sich nichts befehlen, denn er will nicht wissen, was der Mensch thun soll, sondern, was er thut. Kennzeichen der Moral, nicht Vorschriften giebt er. Was hätte es auch für einen Sinn, einem willensunfreien Wesen etwas zu gebieten; es klingt ja wie Hohn, einem Sklaven zu befehlen, sei frei. Befreit ihn erst von der Herrschaft seines intelligiblen Willens, daß er thun kann was er will, damit er auf ein: „Du sollst", mit einem: „ich kann" antworte. Fichte ist der Philosoph des Sollens, Schopenhauer der des Müssens. Der einzige Punkt, worin sich beide Sittenlehren berühren, ist der, daß die Moral es mit dem Willen zu thun hat, und das ist keine neue Wahrheit. Von da ab gehen beide Systeme wieder vollständig auseinander, denn nun thut die verschiedene Auffassung des Willens ihre Schuldigkeit. Der Schopenhauersche Wille als Ding an sich, der sich vermöge des principii individuationis vervielfältigt, ist grund= los, daher frei, er thut was er will. Als Einzelwille hingegen, als Individuum ist der Mensch unfrei, Geschöpf seines intelligiblen Ich. Wille zum Dasein und Wohlsein, also absoluter Egoismus ist Wesen wie des Universal= so des Individualwillens. Wie kommt es trotzdem zu einer moralischen Handlung, die ganz un= abhängig von egoistischen Motiven geschieht, die der Mensch also seinem innersten Wesen zuwider thut? Diese moralische Handlung ist ein Phänomen, sie will erklärt werden. Schopenhauer hat sich redlich angestrengt, die Triebfeder des moralischen Handelns zu finden. Er sucht sie im Mitleid, welches besteht in der Identifi= kation des eigenen Selbst mit dem des andern und entspringt aus der Durchschauung des principii individuationis, also aus jener intuitiven Erkenntnis, welche die Unterscheidung zwischen mir und dem andern, auf welcher gerade der Egoismus beruht, aufhebt II, 439 ff. Dieser Gedanke ist wohl schön und scharfsinnig, aber die Philosophie fragt danach, ob er auch wahr sein kann. Eine Ethik jedoch, die sich in ihren Grundgedanken widerspricht, ist keine wahre. Denn wir möchten wohl wissen, wie sich folgende Gedankenreihen miteinander vereinigen lassen. 1) Das einzig reale soll sein Wille, blinder Drang zum Dasein, der Kern des Individualwillens hat natürlich dasselbe Wesen, den erkenntnislosen, unmotivierten Trieb. Dieser ist durchaus Sklave seines Universalwillens. 2) Im empirischen Leben kann es keine Freiheit des Willens geben und damit keine Verantwortlichkeit, daher die Freiheit im esse, nicht im operari liegen soll. 3) Was ist nun dieses esse, der intelligible Charakter? Er fällt zusammen mit der Idee oder noch eigentlicher mit dem ursprünglichen Willensakte, der sich in ihm offenbart. Was kann das nur für ein ursprünglicher Willensakt sein? Ausfluß des Universalwillens, blinder Drang zum Dasein und Wohlsein: absoluter Egoismus! 4 Wie kann es demnach bei einem solchen obersten Prinzip, auch wenn man die Freiheit in das esse verlegt, eine sittliche Freiheit, Verantwortlichkeit, Mitleid, Gerechtigkeit, Menschenliebe geben? Überhaupt nicht. Eine Ethik aufbauen zu wollen, wenn man als Wesen der Welt einen blinden Trieb annimmt, wenn man in der empirischen Welt Freiheit und Verantwortlichkeit für eine Chimäre hält, ist nur möglich durch handgreifliche Sophismen. Und hierin hat die Schopenhauersche Moral durchweg Ähnlichkeit mit der Spinozistischen. Ist der Mensch nur modus, sei es der Weltsubstanz, sei es des Urwillens, so ist das notwendigste Erfordernis einer Sittenlehre, moralische Freiheit, absolut nicht denkbar. Dazu ist es ganz unmöglich, das Phänomen des Mitleids, als Durchschauung des principium individuationis, mit der Annahme, des Egoismus κατ' ἐξοχήν als Weltgrundes in Einklang zu bringen. Daher ist denn der Versuch Schopenhauers, eine Ethik in sein System ohne Widersprüche mit seinem Grundprinzip einzureihen, ein total verfehlter.

Versuchen wir es jetzt, ein Bild der Fichteschen Sittenlehre zu entwerfen. Dieselbe erbaut sich auf das Prinzip des sittlichen Willens und nimmt daher eine ganz andere Richtung. Dazu kommt, daß Fichte ein begeisterter Kämpfer für die Freiheit des Willens ist, während Schopenhauer mit gleicher Energie gegen sie streitet — beide aus intellektuellen wie moralischen Gründen. Theoretisch schließt der letztere folgendermaßen: Frei ist nur der Wille als Ding an sich, das Individuum dagegen, als Geschöpf dieses Dinges an sich ist durchaus von ihm abhängig, also unfrei; dagegen der erstere: ein Ding an sich außerhalb des Individuums anzunehmen, ist Dogmatismus, im Menschen selbst, in seinem Ich ist es zu suchen, also ist er nur von sich selbst abhängig, also frei. Die moralische Überzeugung andrerseits sagt dem Pessimisten, daß in dieser schlechtesten aller Welten ein solch köstliches Gut, wie die Willensfreiheit eine Unmöglichkeit sein muß. Der Optimist dagegen will aus moralischen Gründen frei sein. Er sagt in der Schrift über „Die Bestimmung des Menschen" F.W. II, S. 196: „Das System der Freiheit befriedigt, das entgegengesetzte tödtet und vernichtet mein Herz. Kalt und tot dastehen und dem Wechsel der Begebenheiten nur zusehen, ein träger Spiegel der vorüberfliehenden Gestalten — dieses Dasein ist mir unerträglich, ich verschmähe und verwünsche es. Ich will lieben, ich will mich in Teilnahme verlieren, mich freuen und mich betrüben. Der höchste Gegenstand dieser Teilnahme für mich bin ich selbst; und das einzige an mir, womit ich dieselbe fortdauernd ausfüllen kann, ist mein Handeln" vgl. das Folgende. Man sieht deutlich, Fichte argumentiert ad hominem. Sein praktisches Ich ist es, das ihm die Worte zuführt. Den Deterministen schiebt er ihre Leugnung der Willensfreiheit sogleich ins Gewissen hinein. Es rührt eine solche Philosophie, wie er glaubt, gleichsam von einer Trägheit des Denkens her, von Menschen, die sich noch nicht ihrer Selbständigkeit und Unabhängigkeit bewußt geworden sind.

Vgl. 1. Einl. in die W. L. Fr. W. I, S. 433 f. Einen direkten klaren Beweis für die Willensfreiheit giebt er nirgends und würde wohl in nicht geringe Verlegenheit geraten sein vor der Wucht der Schopenhauerschen Argumente gegen dieselbe. Er beweist mehr mit Forderungen als mit Gründen. Die Wörter „müssen" und „sollen" spielen hierbei eine große Rolle. „Ich bin wirklich frei, ist ja auch nur ein Glaubensartikel" (Sittenl. 1798 S. 54). Er will frei sein und darum hält er sich auch für frei (Bestim. d. M. S. 193). „Ich will der Herr der Natur sein und sie soll mein Diener sein; ich will einen meiner Kraft gemäßen Einfluß auf sie haben, sie aber soll keinen haben auf mich."

In dieser seiner Freiheit ist der Mensch aber doch nur „Instrument, bloßes Werkzeug des Sittengesetzes, schlechthin nicht Zweck". „Jeder ist Zweck als Mittel, die Vernunft zu realisieren: dies ist der letzte Zweck seines Daseins. Dazu ist er allein da, und wenn dies nicht geschehen sollte, so braucht er überhaupt nicht zu sein". Daß solche Sätze wie die angeführten erhabene und großartige sind, wird niemand leugnen. Sie sind würdig der ganzen Philosophie Fichtes, die wie ein großer Kommentar des Pflichtgebotes erscheint. Aber es liegt in dieser Art des Moralisierens eine Gefahr, die Gefahr, einseitig zu werden. Fichte ist ihr in der That nicht entgangen. Seine Sittenlehre ist oft rigoros und pedantisch, sie ist nicht für Menschen, sondern für Übermenschen, findet keine rechte Basis in der wirklichen Erfahrung, urteilt ungerecht über das ganze menschliche Gefühlsleben. „Den Trieben der Sympathie", sagt er einmal, „des Mitleids, der Menschenliebe zu Folge zu handeln, ist schlechthin nicht moralisch, sondern insofern gegen die Moral". Der menschlichen Neigung und Lust zum Edlen und Schönen weiß er eine berechtigte Seite nicht abzugewinnen. Die Schillersche Maxime: Neigung zur Pflicht, die platonische Erotik, Liebe zum Schönen, würde er für sinnliche, aber nicht für moralische Maximen erklären. Denn „wenn man sich durch nichts Höheres bestimmen läßt, als durch die Lust des innern Sinnes, wohin gehört die Lust am Spiel, am Dichten, am Schönen, selbst am Nachdenken, am Gefühl seiner Kraft, und sogar dem Mitgefühl, ob es gleich der edelste aller sinnlichen Triebe ist" (Kritik all. Offenb. S. 65), so befindet man sich noch im Stande der „praktischen Sinnlichkeit". Wenn somit Schopenhauer behauptet, Fichte habe den Kantschen einseitigen Moralismus noch überboten und ihn den „Superlativ" Kants nennt IV, S. 197 ff., so hat er nicht so Unrecht. Überhaupt basiert die Fichtesche Ethik in dem Maße auf der Kantischen, daß, wenn es gelingen könnte, diese mit ihrem kategorischen Imperativ zu erschüttern, jener der feste Boden entzogen wäre. Schopenhauer hat es versucht, die Berechtigung dieses Imperativs zu bestreiten und damit aus der gesamten Philosophie seines Meisters das Herz zu reißen. Und wer wollte bezweifeln, er hat mit eindringendem, unbarmherzigem Scharfsinn in der praktischen Vernunft arge Blößen entdeckt. Der ganze Formalismus der Kantischen Ethik, die Pedanterie, mit der er diese Probleme angreift, wo es sich um die höchsten Güter und Schätze des menschlichen Lebens handelt, überhaupt seine ganze Verwerfung des menschlichen Gemütes in der Ethik, dies alles ist nicht allein von Schopenhauer getadelt worden. „Die moralische Triebfeder", sagt Schopenhauer V, 143 „muß schlechterdings, wie jedes den Willen bewegende Motiv, eine sich von selbst ankündigende, deshalb positiv wirkende, folglich reale sein: und da für den Menschen nur das empirische, oder doch als möglicherweise empirisch vorhanden Vorausgesetzte Realität hat, so muß die moralische Triebfeder in der That eine empirische sein und als solche ungerufen sich ankündigen, an uns kommen, ohne auf unser Fragen danach zu warten, von selbst auf uns eindringen, und dies mit solcher Gewalt, daß sie die entgegenstehenden, riesenstarken, egoistischen

Motive möglicherweise überwinden kann. Denn die Moral hat es mit dem wirklichen Handeln des Menschen und nicht mit aprioristischem Kartenhäuserbau zu thun, an dessen Ergebnisse sich im Ernst und Drange des Lebens kein Mensch kehren würde, deren Wirkung daher dem Sturm der Leidenschaften gegenüber, so viel sein würde, wie die einer Klystierspritze bei einer Feuersbrunst."

Wenn wir diese Sätze dahin einschränken, daß eine Sittenlehre nicht rein imperativisch sein darf, daß sie nicht über den Menschen, wie er wirklich ist, hinwegschweben darf, sondern ihre Basis suchen in ihm, anknüpfen muß an irgend eine Seite seines Charakters, so ist sie richtig.

Noch eins. Der kategorische Imperativ, auf dem die Sache Kants ruht, direkt bewiesen ist er nicht (vgl. Windelb. Gesch. d. n. Ph. II, S. 122), er ist im unmittelbaren Selbstbewußtsein gefunden. Im Fichteschen System ist daher kategorischer Imperativ und der im unmittelbaren Selbstbewußtsein gegebene sittliche Wille derselbe.

Schopenhauer findet in seinem Selbstbewußtsein auch einen Willen, einen Willen aber, der keine weitere Bestimmung hat, als Leben wollen, der fast unsittlich zu nennen ist. Daher bestreitet er die Berechtigung der Annahme eines im unmittelbaren Selbstbewußtseins gegebenen sittlichen Pflichtgebotes.

Weit entfernt, mit ihm hierin übereinzustimmen, wollen wir doch die Bemerkung nicht zurückhalten, daß dieser kategorische Imperativ doch nicht so unvermittelt und schlechterdings absolut dasteht. Vor ihm steht nämlich noch der Wille des Menschen, sich die Welt moralisch auszulegen. Wer diese Überzeugung hat, wird, wenn er konsequent verfährt, auch jenen kategorischen Imperativ anerkennen. Derselbe ist demgemäß nicht schlechterdings grundlos, sondern erstes Prinzip, Mittel, durch welches sich der Wille mittelst des Intellektes den Beweis für seine Weltanschauung schafft. Wo jener Wille nicht vorhanden ist, wie bei den Materialisten, die alle Moral für konventionell erklären, erscheint auch die Annahme des kategorischen Imperativs einfach als „Irrtum des moralischen Menschen". Diese Unbeweisbarkeit des kategorischen Imperativs hat Schopenhauer wohl gefühlt, er versucht daher seine Moral anders zu begründen, ein Unternehmen, das aber mißlang. Aber daß er es versucht, daß er mit der ganzen Kraft seiner Überzeugung und oft mit Berserkerwut gegen den Materialismus für eine moralische Weltanschauung ficht, ist ihm um so höher anzurechnen, da er unleugbare Berührung mit den Vertretern desselben hat. Man hat ihn vielfach für einen Materialisten erklärt, das ist aber falsch. Denn einen Materialisten nennen wir doch heutzutage denjenigen, der dieser Welt nur eine mechanische und keine moralische Bedeutung zuerkennt. Aber weder Fichten, noch Schelling, noch Hegel, noch irgend einen andern hat Schopenhauer so wütend bekämpft, als diese „Pillendreher aus Apotheke und Klinik". „Daß die Welt blos eine physische, keine moralische Bedeutung habe, ist der größte verderblichste Irrtum, die eigentliche Perversität der Gesinnung" (III, 205). „Hüten Sie sich vor dem Teufel, dem Materialismus", schreibt er an Frauenstädt und entzweit sich sogar mit diesem seinem treuesten Jünger und Herold, weil derselbe zu gut über jene „bestialische" Weltanschauung geurteilt habe.

Was Fichte anbetrifft, er wirft den Materialismus als Dogmatismus einfach zu Toten I, 433 f. Unsere beiden Philosophen sind demnach beide Ethiker im eminenten Sinne des Worts. Wir wollen dies festhalten, denn wir werden sehen, wie hier der innerste Grund liegt, warum Schopenhauer Pessimist und Fichte Optimist gewesen ist. Wir werden dann auch Aufklärung erhalten über diese psychologisch merkwürdige Thatsache, wie man, um die moralische Auslegung der Welt zu retten, Pessimist, und wie man aus denselben Gründen Optimist werden kann. Für jetzt stellen wir das Resultat unserer Betrachtung über die beiderseitigen Sittenlehren fest. „Moral predigen ist leicht, Moral begründen schwer" sagt Schopenhauer IV, S. 140. Fichte hat die Moral zwar nicht begründet, wohl aber gepredigt. Schopenhauer keines von beiden. Aber innerhalb der Ethik zeigt sich der letztere als ein Mann, der für das wirkliche Handeln des Menschen Sinn, ein Herz hat für ihre Bedürfnisse, Neigungen, ein Zug, der dem kalten, abstrakten Moralisten, Fichten fremd ist. Und schließlich wollen wir es dem Frankfurter Sonderling nicht vergessen, daß er als einziger deutscher Philosoph dem Menschen es als heilige Pflicht vorgeschrieben, die Tiere nicht als Sachen zu behandeln, sondern auch auf sie die Pflicht der moralischen Behandlung ausgedehnt hat.

Auf Einzelheiten der Sittenlehren noch einzugehen, wie z. B. auf die Pflichten= und Tugendlehre, würde zu weit führen und ist auch kaum nötig, da wir den Charakter der Ethik bei der genügend gekennzeichnet zu haben glauben.

2. Kapitel.
Die Konsequenzen der Willenslehre für die Lebensführung.

In den Konsequenzen, die eine Philosophie für die Lebensführung hat, zeigt sich am unmittelbarsten, was für einen praktischen Wert sie hat und was sie bezweckt. Hier zeigt sich auch am deutlichsten der Charakter des Philosophen. Es ist drum jetzt der geeignete Moment, um auf den Charakter und das Leben unserer Philosophen einen Blick zu werfen und zuzusehen, ob und wie sie, was sie gelehrt haben, auch durch die That zu verwirklichen versucht haben. Zwar würde uns Schopenhauer schelten, wenn wir den Wert einer Philosophie ganz und gar danach bemessen wollten, wie sie ihr Schöpfer im Leben praktisch durchgeführt hat, und er würde nicht so unrecht haben. Denn es kann jemand herrliche Worte reden und schreiben, ohne überhaupt die Absicht zu haben, selbst ihnen gemäß zu handeln. Die Geschichte der Philosophie hat Beispiele, daß ein durchaus unmoralisches Leben sehr schöne Geistesfrüchte gezeitigt hat. Indes wer wollte es wohl leugnen, daß derjenige um so höher zu schätzen ist, der, was er redet und andern empfiehlt, auch selbst thut. Gewiß hat es mehr als historisches Interesse, zu betrachten, wie der Charakter eines Mannes, der uns in seinen Schriften entgegentritt, im praktischen Leben sich geäußert hat. Wir glauben demzufolge, unsrer Aufgabe nicht besser genügen zu können, als wenn wir zuerst schildern, wie sie selbst, unsere Philosophen, die Konsequenzen ihrer Philosophie im Leben gezogen haben.

Jeder, der Lehren und Leben Fichtes genauer kennt, wird nicht ohne tiefe innere Rührung und Bewunderung dieses Mannes gedenken. Denn es giebt ihrer nicht viele, die mit einer solchen Kraft der Überzeugung für das, was sie als richtig erkannt hatten, eingetreten sind. Er war wirklich ein Mann aus einem Guß. Den kategorischen Imperativ, das praktische Ich, den sittlichen Willen, in dem er den Weltschöpfer sah, er trug ihn in der That nicht blos auf der Zunge, sondern auch im Herzen. Er schreitet selbst einher wie dieser sittliche Wille, alle seine Werke sind Thathandlungen seines praktischen Ich. Damit das Sittengesetz Objekte habe, an denen es verwirklicht werden kann, ist die Welt geworden. Fichte hat an seinem Teile daran gearbeitet, die Menschen fähig zu machen, Objekte des Sittengesetzes zu sein. Es lebt etwas in ihm von jenem unendlichen Streben, von dem Trieb um des Triebes willen. Darum läßt es ihm keine Ruhe, blos zu lehren, er will auch handeln. Denn „nicht zum müßigen Beschauen und Betrachten und Brüten sind wir da, sondern zum

Handeln" (Bestim. d. M. S. 249). So wird sein Leben zu einer Predigt, die nicht nur auf den Intellekt, die auch auf den Willen wirken will. Darum treibts ihn, unter den Augen des stolzen Eroberers, jene Reden an die deutsche Nation zu halten, die jedem deutschen Manne das Herz warm machen. Darum jener glühende Patriotismus, der für das Vaterland nicht blos Reden halten, sondern auch kämpfen will. Darum jene erhabene Ansicht über den Staat — gleichsam das personificierte Sittengesetz selbst — der die Seinen zum Pflichtbewußtsein heranzuerziehen hat. Lest Fichtes Werke und ihr werdet der großartigen sittlichen Idee, die das ganze durchweht, vielleicht nicht so bald Herr werden, ja vielleicht, wie andere es auch thun, Euch eines verwunderungsvollen Lächelns nicht erwehren können über den hoffnungsvollen idealistischen Träumer, der diese Welt, wie sie nun einmal ist, in das unbequeme eiserne Joch des Sittengesetzes $\kappa\alpha\tau'$ $\dot{\epsilon}\xi o\chi\dot{\eta}\nu$ spannen will, betrachtet dann aber den Mann selbst und seine Handlungen — ihr werdet seine Werke verstehen und den ganzen Menschen jedenfalls bewundern, Ihr mögt ihm zustimmen oder nicht. **Fichtes Persönlichkeit ist der beste Beweis gegen die Schopenhauersche Lehre, daß der Wille bleibt, was er anfänglich gewesen, blindes Streben.** Wer da im Ernste glaubt, daß das jenige, was jenen Mann vorwärts treibt, ein **blinder Wille** ist und nicht ein **sittlicher**, der möchte am Ende selbst blind sein.

Als ob die Natur es an zweien ihrer großen Söhne zeigen wollte, wie der Gegensatz die Welt beherrscht, so hat es den Anschein, wenn wir nun den Charakter Schopenhauers und seine Lebensführung uns vergegenwärtigen. Hier gilt die That nichts, das Wort alles (sein Urteil über Sokrates V, S. 45!). Er zieht sich mißmutig nach einigen üblen Erfahrungen in die Einsamkeit zurück, sein Leben wird eine große Klage über die Welt. Weit entfernt, von Fichteschem Patriotismus auch nur einen Funken zu haben, ist er auch gar nicht im Stande, ihn zu verstehen. Der graue Fichte ergreift die Waffen, um gegen Deutschlands Zwingherrn mit zu fechten, der junge Schopenhauer zieht sich zur selben Zeit in ein idyllisches Tuskulum (Rudolstadt) zurück, um in Behaglichkeit und Stille die für Deutschland so stürmischen Tage zu verleben. Er sympathisiert mit allen möglichen Nationen, nur nicht mit den Deutschen, und giebt einmal wieder ein hervorragendes Beispiel für die oft gehörte Klage, über das geringe Nationalbewußtsein der Deutschen. Fichte kannte keine Furcht, der andere hat mit steter Angst zu kämpfen. Einen hervorstechenden Zug haben beide gemeinsam, das ist ihre Starrköpfigkeit, der Trotz ihres Charakters. Einen Gegner richtig und ruhig würdigen können sie beide nicht, daher die überaus schroffe Polemik gegen Andersdenkende. Man vergleiche nur den Kampf des älteren gegen die „Philosophen von Profession" und den Streit des jüngeren gegen die „Philosophie-Professoren" und man wird erstaunlich viel Ähnlichkeit in der Polemik finden. Widerstand erbittert sie beide, aber gewöhnlich sucht Fichte ihn zu überwinden, Schopenhauer geht ihm aus dem Wege.

Und wenn man fragt, hat der letztere im Leben das immer durchführen können und auch wollen, was er gelehrt hat, so ist hierauf zunächst ohne Bedenken zu antworten, daß er im Alter seine Lehre von der Verneinung des Willens zum Leben entschieden zu befolgen versucht, es aber weder in der Jugend, noch als Greis gekonnt hat. Denn wenn, wie wir aus seinen Lebensbeschreibungen erfahren, seine Jugend den „Willen zum Leben" ziemlich heftig bejaht hat, so hat, wie er selbst klagt, sein Alter nicht mehr die Kraft gehabt, aus ihm einen andern Menschen zu machen. Seine boshafte, widerwärtige Polemik, seine starke Angst vor dem Tode, die übergroße Lust zu einem gemächlichen Leben, das klingt wie Hohn auf seine Forderung, den Willen zu verneinen. Auch dies können wir als einen Beweis dafür betrachten, wie auch der stärkste Intellekt, der die Wahrheit selbst erkannt zu haben glaubt, wenn er sie im praktischen Leben verwerten soll, gegen den widerstrebenden riesenstarken Willen doch nur ein Zwerg ist. Wenn wir also den Wert der Lehren beider Philosophen danach bemessen wollten, ob sie im Stande gewesen sind, sie durch die That selbst als wahr zu erweisen, so gebührt ohne Zweifel der Fichteschen die Palme. Denn dieser ist konsequent in Wort und That, seine Lehre verhält sich zu seinem Leben wie ein Schluß aus seinen Prämissen, wie die Frucht zum Baum. Schopenhauer dagegen ist inkonsequent. Theorie und Praxis stimmen nicht überein. Erstere erscheint wie ein Fehlschluß aus ihrer Voraussetzung.

Nach diesen kurzen Vorbemerkungen zur Sache selbst. Der Fichtesche oberste Grundsatz der Sittenlehre: „Erfülle Deine Bestimmung" ist die konsequente Folgerung aus dem Fundament seines Systems, daß der Mensch um des Sittengesetzes willen geschaffen sei. Sittlich thätig zu sein ist daher die höchste Pflicht im menschlichen Leben. Jeder hat sich unter das Banner dieses absoluten Zweckes zu stellen. Der König und der Bauer, der Philosoph und Handwerker sind in dieser Hinsicht gleichwertige Objekte des Sittengesetzes. Kein größerer Fehler daher, als der Pflicht sich entziehen wollen, dadurch daß man sich aus der Welt zurückzieht. Wie soll man sittlich wirken können, wenn man keine Objekte hat, an denen man es thun kann? Wie kann man zeigen, was man ist, Vehikel des Sittengesetzes, wenn man der Möglichkeit, thätig zu sein aus dem Wege geht (Bestim. d. M. S. 249: Nicht bloßes Wissen, sondern nach Deinem Wissen thun ist Deine Bestimmung 2c.). Asketik heißt ihm sittliches Handeln (Js. nachgel. Werke, Bonn 1835; Asketik als Anhang zur Moral, 1798). Das eigentliche Grundübel der Welt, die eigentliche Erbsünde ist die Faulheit, die Trägheit des empirischen Ich, welches zu bequem ist, praktisch thätig zu sein. Sittlich leben ist sittlich handeln.

Schopenhauer hat seine Lehren über die Lebensführung zusammengestellt in den Paränesen und Maximen V, S. 430 ff. Unser blinder Wille hat uns in eine Welt des Leidens gestürzt. Da aller Genuß und alles Glück negativ, hingegen der Schmerz positiver Natur ist, so haben wir unser Augenmerk nicht auf die Genüsse und Annehmlichkeiten des Lebens zu richten, sondern darauf, daß wir den zahllosen Übeln desselben, soweit es durchführbar ist, entgehen. Den Übeln dieser Welt entgeht der Mensch am besten, wenn er so wenig wie möglich mit ihr in Berührung kommt. Daher beschränke er sich, so viel er kann. Je weniger Erregung des Willens, um so weniger Leid. Möglichste Einfachheit unserer Verhältnisse und Einförmigkeit der Lebensweise beglückt. „Kein verkehrterer Weg zum Glück, als das Leben in der großen Welt in Saus und Braus (S. 446). Geselligkeit gehört zu den gefährlichsten, ja verderblichsten Neigungen, da sie uns in Kontakt bringt mit dieser Welt, deren große Mehrzahl moralisch schlecht und intellektuell stumpf oder verkehrt ist. Einsamkeit ist daher dringend zu empfehlen. „Alle Lumpe sind gesellschaftlich zum Erbarmen; daß hingegen ein Mensch edlerer Art sei, zeigt sich gerade daran, daß er kein Wohlgefallen hat an den übrigen, sondern mehr und mehr die Einsamkeit ihrer Gesellschaft vorzieht." Daher ist z. B. das Mönchtum, diese methodische und zu gegenseitiger Ermutigung gemeinsam betriebene Verneinung des Willens zum Leben eine Anstalt erhabener Art VI, 340. Zu dieser pessimistischen Betrachtung des Lebens kommt dann noch — durchaus konsequent und seinem System angemessen — seine Ansicht über die Ehe, die vom ethischen Standpunkt aus als entschiedenster Ausdruck der Bejahung des Willens zum Leben zu verwerfen ist III, 660. Für Männer von hohem geistigen Beruf, für Dichter, Philosophen, überhaupt für die, welche sich der Wissenschaft und Kunst widmen, ist Ehelosigkeit der Ehe vorzuziehen, weil das Joch der Ehe sie hindert, große Werke zu schaffen.

Solche durch ihre höhere geistige Begabung bevorzugten Menschen sollten ihr Leben durchaus als Berufsleben gestalten. Ein hervorragender Mann, meint einmal Schopenhauer, führe neben seinem persönlichen Leben noch ein zweites, ein intellektuelles. Diese Anschauung ist sicher aus seiner eigenen Lebensweise abstrahiert; er wußte jedenfalls am besten, warum er diese ganz willkürliche Trennung machte. Denn Thatsache ist es, daß er neben seinem Berufsleben noch ein „persönliches" geführt hat, welches seiner Lehre von der Verneinung des Willens keine große Ehre macht.

Der Unterschied zwischen der Fichteschen und Schopenhauerschen Lebensanschauung zeigt sich recht frappant an einer eigentümlichen, beiden gemeinsamen, wir möchten sagen, Liebhaberei. Bekannt ist die Schopenhauersche Verehrung des Genies, welchem als dem fast einzig schönen Erzeugnis dieser schlechten Welt er liebeglühende Zeilen voll wahrhaft poetischer Empfindung und herrlicher Schönheit gewidmet hat. Das Genie als rein erkennendes Subjekt, als klares, helles Weltauge, vom Dienste des gemeinen Willens fast frei, ist wie ein Spiegel, der das Wesen der Welt reflektiert. Sein Werk ist es, rein anschauend die Ideen zu erkennen. **Die Fähigkeit zum praktischen Wirken steht dem Genie geradezu entgegen**, zumal auf dem höchsten Tummelplatz derselben, wo sie sich im politischen Welttreiben hervorthut (VI, 75; III, 441 ff).

Fichte hat auch so einen Geniekultus. Er widmet ihn dem Gelehrten. Auch diesem „erscheinen die Gesichte der übernatürlichen Welt, nach denen die Sinnenwelt immerfort weiter gestaltet werden soll. Diese Gesichte sind in ihm treibend zur That. Er darum ist die Triebfeder der Fortschöpfung der Welt nach dem göttlichen Bilde. Durch ihn allein rückt die Welt weiter und bekommt die jedesmalige Bestimmung, die sie in der nun eingetretenen Zeit haben kann und soll; ohne ihn würde dieselbe stille stehen und nichts wahrhaft Neues unter der Sonne geschehen.

Er ist der eigentliche Vereinigungspunkt zwischen der übersinnlichen und der sinnlichen Welt und dasjenige Glied und Werkzeug, vermittelst welcher die erste eingreift in die letzte." Aber der Gelehrte hat nicht blos zu schauen und zu denken für sich, sondern er hat zu handeln, thätig mit einzugreifen in die Welt des Lebens. Volkserzieher zu sein, das ist sein Beruf.

Fassen wir das Gegebene zusammen. Sittliche That= kraft ist Seligkeit, lehrt Fichte, vollkommene Resig= nation, Schopenhauer. Das Leben ist Mittel, um sitt= lich wollen zu lernen, ist praktischer Hauptgedanke des ersten, das Leben ist Mittel, um wollen zu ver= lernen, ethische Grundanschauung des zweiten. Hier haben wir den gewaltigen Unterschied, zu dem doch ein Grundprinzip geführt hat. Bei einem solchen Gegensatz dürfen wir aber nicht stehen bleiben, derselbe verlangt gebieterisch tiefere Erklärung. Und jetzt ist nun auch die Zeit und der Ort gekommen, wo wir auf die weit auseinandergehenden Weltanschauungen näher einzu= gehen haben. —

3. Kapitel.
Optimismus und Pessimismus.

Wir haben uns über folgende wichtige Frage zu erklären, die in der That eine Lebensfrage ist, nicht blos für die Bedeu= tung unserer Philosophen, sondern für uns alle, für Dich und mich. Die Konsequenzen, zu welchen das Fichtesche und das Schopenhauersche System geführt haben in Betreff der allgemeinen Weltbegreifung und der besondern Lebensführung widersprechen sich im Grunde vollkommen. Der eine heißt uns die Welt ver= achten, den Willen zum Leben durch Askese und Resignation ver= neinen, sieht sie mit pessimistischem Auge an. Der andere ver= kündigt eine Philosophie des freudigen Rechtthuns, ist überzeugt von der hohen idealen Aufgabe, welche dieses Universum zu er=

füllen hat, sein Blick, mit dem er das All begreift, ist im Wesentlichen ein **optimistischer**. Darum heißt er uns durch thätiges Eingreifen in den Lauf der Welt das Leben bejahen. Die Schneide dieser Alternative ist aber noch nicht genug erschöpft, sie wird haarscharf, wenn wir den innersten Grund dieser entgegengesetzten Ansichten erkannt haben: **Schopenhauer ist Pessimist und Fichte Optimist — aus moralischen Gründen.** Es erwächst uns daher die schwierige Aufgabe, eine Entscheidung zu treffen zwischen beiden Weltanschauungen, die Berechtigung der einen und die Nichtberechtigung der andern darzulegen, oder uns nach einem andern Ausweg umzusehen. Dann können wir auch fragen, warum ist Schopenhauer Pessimist, Fichte Optimist geworden.

Gewöhnlich verfährt man hierbei folgendermaßen. Man sagt: Die und die Lebensschicksale, wie Unglück im häuslichen Leben, Enttäuschungen, Nichtanerkennung der Verdienste ⁊c., also alles individualistische und zum Teil egoistische Motive haben den Mann zum Pessimisten gemacht, natürlich mit der Voraussetzung, daß, wenn diese Lebensschicksale nicht so unglücklich gewesen wären, der Philosoph vielleicht die entgegengesetzte Weltanschauung ergriffen haben würde. Diese Argumentation ist im höchsten Grade oberflächlich. Denn so und so viele Menschen giebt es, die bei gleichen Schicksalen doch eine total andere Lebensansicht entwickelten, wir brauchen nur an Spinoza zu erinnern.

Ferner sagt man, der Pessimismus eines Mannes oder Volkes hat auch lokale und geschichtliche Gründe. Ein Stamm wie die Hindus, wohnend in einem Lande, wo täglich Tausende durch entsetzliche ansteckende Krankheiten zu Grunde gehen, welches politisch und praktisch energielos unthätig verharrt, muß eine düstere und asketische Weltanschauung erhalten. Auch dies ist nur ein Motiv, ein Faktor, der den Pessimismus verallgemeinern hilft und nicht erklärt, warum derselbe in allen Landen und zu allen Zeiten nicht unbedeutende Vertreter gefunden hat.

Endlich schreibt man eine solche Weltanschauung der fehlerhaften und individualistischen Denkweise, oder einem melancholischen, einseitigen, absonderlichen Charakter zu. Was den ersten Vorwurf anbetrifft, so ist damit recht wenig gesagt. Denn er könnte dem Optimisten zurückgegeben werden mit dem Bemerken: Was Du sub specie aeternitatis betrachten nennst, das nenne ich individualistisch, subjektiv urteilen. Du zeigst mir die ungeheure Entwicklung der Welt, weist darauf hin, wie immer auf ein Niederes ein Höheres folgt, wie alles einem großen Zwecke zu dienen scheint, das Böse selbst nur Mittel zum Guten ist. Betrachte doch einmal sub specie aeternitatis die Welt: die Entwicklung leugne ich nicht, was hat sie aber für die Moralität in der Welt — besonders wenn diese eine moralische Bedeutung haben soll — genützt? Sind denn die Menschen bis jetzt glücklicher und vor allen Dingen besser geworden? Steigt nicht gerade mit der Kultur auch die Sünde?

Was schließlich die Herleitung des Pessimismus aus gewissen abnormen Charaktereigenschaften betrifft, so ist unsrer ganzen Betrachtungsweise zufolge hier allerdings der geheime Schlüssel zu suchen, der uns möglicherweise die Gründe entdecken könnte, wie man Pessimist werden kann. Ob jedoch diese Betrachtungsweise als Folge eines fehlerhaften Charakters anzusehen ist, wird schon dadurch zweifelhaft, daß ein solcher Philosoph glaubt, aus moralischen Gründen an seiner Überzeugung festhalten zu müssen.

Außerdem wird durch alle diese Erklärungsversuche der pessimistischen Weltanschauung nur insofern etwas geleistet, als man zeigt, wie bei einem solchen Charakter, solchem Intellekt, solchen geschichtlichen oder klimatischen Gründen dieser oder jener oder ein ganzes Volk jene düstere Lebensbegreifung wählen konnte. Damit wird aber noch nicht erklärt, wie es überhaupt möglich ist, pessimistisch zu denken, die Beweisgründe, aus welchen diese Weltanschauung gefolgert wird, sind noch nicht widerlegt, die Behauptung, daß es in der That eine zu pessimistischer Betrachtung der Welt veranlassende Seite der Welt giebt, ist noch nicht zurückgewiesen. Man kann doch eine Meinung nicht dadurch als falsch erweisen, daß man ihren psychologischen Ursprung im Menschen aufsucht. Denn ehe dieselbe wirklich als eine irrige anzusehen ist, müßte bewiesen werden, daß die Ursache, welche eine solche Weltanschauung veranlaßt hat, also der Charakter des bestimmten Menschen ein durchaus einseitiger und abnormer ist. Und dies geht wiederum nicht durch einfachen Majoritätsbeschluß, indem man sagt, weil die meisten Menschen eine andere Art der Auffassung besitzen, darum ist die eines Pessimisten eine fehlerhafte und zu irrigen Ansichten prädisponierende. Weiter müßte bewiesen werden, daß diesem auf psychogenetischem Wege gefundenen Resultate kein objektives Korrelat in der empirischen Welt entspräche. Der Religion deswegen jede Berechtigung absprechen, weil man ihren Ursprung im menschlichen Kopf entdeckt zu haben glaubt, thuen zwar nach Feuerbachscher Anleitung so manche, machen dabei aber den beliebten, wenn auch großen Fehler, daß sie psychologische und erkenntnistheoretische Fragen ohne weiteres mit einander vermengen.

In ähnlicher Weise hat man auch über die Schopenhauersche Weltanschauung geurteilt und thut es noch immer. Man schiebt die Schuld seinem launenhaften Charakter, „seiner sonstigen Bosheit gegen die Menschen" zu, nennt seine Weltbegreifung eine seiner Grillen 2c., schiebt ihm also seinen Pessimismus ins Gewissen hinein. Ganz richtig! Aber dadurch wird derselbe noch nicht widerlegt. Auch dadurch nicht, daß man ihn in Widerspruch zu den Prinzipien seines Systems bringt. Denn wir haben schon oben gezeigt, wie die Fundamentalsätze einer Philosophie nur Ausfluß sind der schon im Philosophen vorhandenen Weltanschauung, daher Schopenhauer eher die Prinzipien als den Grund derselben aufgeben würde. Wenn man daher den Pessimismus ad absurdum führen will, hat man nicht so zu schließen: Weil ein Mann mit solchen Charaktereigenschaften ihn erdacht hat, ist er falsch — das wäre wie: Weil Baco v. Verulam, the wisest, greatest, meanest of mankind (Pope), ein unmoralischer Charakter war, darum ist seine induktive Methode falsch — auch so nicht: Weil das Schopenhauersche System in sich widersprechend ist, darum ist seine Weltanschauung eine irrige — als ob man nicht durch Sophismen aus falschen Prämissen ein wahres Urteil fällen könnte. Macht man nun auch noch die Lebensschicksale oder gar die damaligen politischen Zustände des deutschen Reiches, was alles geschehen ist, verantwortlich für die Weltanschauung Schopenhauers, so heißt das doch aller philosophischen Betrachtungsweise ins Gesicht schlagen, indem man die Philosophie eines Mannes als Erzeugnis äußerer Umstände ansieht. Es hilft eben gegen den Pessimismus weiter nichts, als seine Behauptungen einzeln zu widerlegen und damit nicht genug, dieser Weltanschauung eine andere gegenüberzustellen, die den wirklichen Verhältnissen gerechter wird als jene. Kann man dies in der Philosophie (die Religion lassen wir hier ganz aus dem Spiel) nicht thun, sind die Argumente des Pessimismus nicht so recht zu entkräften, so ist vorläufig nur entschieden über dessen theoretische Berechtigung, aber noch nicht über seine praktische Möglichkeit und Brauchbarkeit. Darauf ist wohl zu achten. Denn wir glauben zuversichtlich, daß diese Ineinandermengung von Theorie und Praxis das philosophische Denken vieler beeinflußt. Weil der Pessimismus für uns Europäer praktisch weder durchführbar noch brauchbar ist, wie dies beides bei den Buddhisten der Fall sein mag, hält man ihn für eine philosophisch unberechtigte Anschauung. Da wir aber in der Philosophie eudämonistische Motive als Maßstab der Wahrheit nicht kennen dürfen, können wir die Richtigkeit dieses Schlusses nicht anerkennen. Der Wille legt hier aus, nicht der Intellekt.

Ehe wir nun zu der genaueren Darlegung der Gründe, welche Schopenhauer als Beweis für die Wahrheit seiner Weltanschauung beigebracht hat, schreiten, haben wir diese allgemeine Bemerkung über seinen Pessimismus zu machen: Er hat die Welt für die denkbar schlechteste erklärt, die es giebt. Das ist entschieden unrichtig seiner eigenen Philosophie zufolge. Eine Welt, in der es eine Kunst, willensfreie Intuition, aus der es eine Erlösung giebt, kann nicht als die denkbar schlechteste bezeichnet werden. Schopenhauer hat diesen Ausspruch wahrscheinlich nur deswegen gethan, weil er seine Weltanschauung in recht schroffen Gegensatz zu der Leibnizischen „besten Welt" bringen wollte. Somit ist der Schopenhauersche Pessimismus nicht als ein absoluter, sondern als ein relativer zu betrachten.

Unser Philosoph gewinnt, wie wir bemerkt zu haben glauben, sein weltverachtendes Urteil niemals auf deduktivem Wege. Er schließt nicht: Weil der blinde erkenntnislose Trieb das Ansich der Welt ist, darum ist sie schlecht, sondern umgekehrt, weil dieselbe eine so miserable Beschaffenheit hat, darum kann ihr Schöpfer nur ein erkenntnisloser Wille sein, oder weil alles Sein Schmerz ist, darum ist das Wollen des Daseins unvernünftig. Der Philosoph entscheidet also die Frage nach dem allgemeinen Charakter des Lebens durch Hinblick auf die Erfahrung, nicht etwa begrifflich durch Folgerung aus obersten Sätzen. Wir jedoch, die die Konsequenzen der Willenslehre für die Weltanschauung zu prüfen haben auf ihre Folgerichtigkeit hin, müssen natürlich den umgekehrten Weg gehen. Und thun wir es, so ergiebt sich uns das System in diesem Punkt als ein durchaus widerspruchsfreies. Denn von einem vernunftlosen Weltschöpfer ist nicht zu verlangen, daß sein Gebilde eine Offenbarung der Vernunft sei.

Rufen wir uns ins Gedächtnis zurück, was oben im Allgemeinen über Schopenhauers Weltbegreifung gesagt war. Der Gedankengang des Pessimisten war folgender: Das den Kern und an sich jedes Dinges ausmachende Streben ist dasselbe, was sich in uns manifestiert und Wille heißt. Seine Hemmung durch ein Hindernis, welches sich zwischen ihn und sein einstweiliges Ziel stellt, nennen wir Leiden, hingegen sein Erreichen des Zieles Befriedigung, Wohlsein, Glück. Wir können diese Benennungen auch auf jene dem Grade nach schwächeren, dem Wesen nach identischen Erscheinungen der erkenntnislosen Welt übertragen. Diese sehen wir alsdann in stetem Leiden begriffen und ohne bleibendes Glück. Denn alles Streben entspringt aus Mangel, aus Unzufriedenheit mit seinem Zustande, ist also Leiden, solange es nicht befriedigt ist; keine Befriedigung ist dauernd, vielmehr ist sie stets nur der Anfangspunkt eines neuen Strebens. Das Streben sehen wir überall vielfach gehemmt, überall kämpfend, solange also immer als Leiden: kein Ziel des Strebens, also auch kein Maß und Ziel des Leidens II, S. 365.

Die wahre Triebfeder der düsteren Klage Schopenhauers zeigt uns die Stelle VI, 312. „**Wenn nicht der nächste und unmittelbare Zweck unseres Lebens das Leiden ist, so ist unser Dasein das Zweckwidrigste auf der Welt**. Denn es ist absurd, anzunehmen, daß der endlose, aus der dem Leben wesentlichen Not entspringende Schmerz, davon die Welt überall voll ist, zwecklos und rein zufällig sein sollte. Jedes Unglück erscheint zwar als eine Ausnahme; aber das Unglück überhaupt ist die Regel."

Hier zeigt sich also auf das Deutlichste, daß Schopenhauer Pessimist ist aus wirklich **ernsthaft zu nehmenden moralischen Bedenken**. Er versteht das Leben nicht, wenn sein Wert nicht darin besteht, uns zu lehren, es nicht zu wollen. Daher ist ungerecht das Urteil E. Dührings in den preußischen Jahrbüchern 1885: „diese Philosophie Schopenhauers ist weniger ein wissenschaftliches System, als eine unfreiwillige unbewußte Leistung, eine Projektion der eigenen unglücklich gearteten und der ethischen Idealität entbehrenden Individualität ins Universum."

Und wenn Friedrich Harms in einem Vortrag über Schopenhauers Philosophie sagt: „Es ist nicht notwendig der Weltansicht Schopenhauers eine andere entgegenzusetzen, denn für die Beurteilung genügt die Kenntnis der Geschichte der Philosophie und die Anwendung der allgemeinen Logik", so können wir nur seinen hoffnungsfreudigen Optimismus bewundern, der die Weltanschauung großer Geister und der bedeutendsten Religionen durch „Anwendung der allgemeinen Logik" widerlegen will.

Die Voraussetzung des Schopenhauerschen Pessimismus ist, wie sich schon mehrfach gezeigt hat, die feste Überzeugung von der moralischen Auslegung der Welt überhaupt. Er kämpft für sie mit oft brutaler Polemik. Hier ruht der geheime Grund Schopenhauerschen Weltanschauung. Sein moralisches Ich ist es, das ihn zu einer solchen Lehre treibt, das ihm die entgegengesetzte Ansicht, den Optimismus, als absurd erscheinen läßt.

Wir haben jedoch die Pflicht, noch weiter zu fragen. Warum ist es absurd, das Leiden als zwecklos anzusehen? der pessimistische Philosoph schweigt auf diese Frage. Wie aber, wenn der Materialismus Recht hätte, der die Moral mechanisch und egoistisch erklärt, wie, wenn der Darwinismus die Wahrheit sagte mit seiner Lehre, daß der moralische Mensch der metaphysischen Welt nicht näher stände, als der physischen? Wenn es sich nun so verhielte, daß die Annahme eines kategorischen Imperatives und dessen Voraussetzung, die Überzeugung von der moralischen Bedeutung des Universums, blos ein Irrtum wäre, an dem der Mensch nur festhielte, um der „Brutalität des Daseins" wenigstens eine bessere Seite abzugewinnen? Wenn alle die Riesenarbeit aller großen philosophischen Denker seit Sokrates, deren eigentliches Problem es war, eine moralische Weltordnung als Grundlage der physischen nachzuweisen, nur ein kolossaler Irrtum gewesen wäre? Was dann? Wäre dies nicht eine recht häßliche Wahrheit, wenn auch Lessing einmal sagt, die Wahrheit könne niemals häßlich sein? Sollen wir dann noch Optimisten bleiben, etwa wie Louis Büchner und materialistische Naturforscher, die, trotzdem sie durch Mord und Totschlag im Kampf ums Dasein die Welt entstehen und fortschreiten lassen, ihr lustiges Lied singen über die Schönheit dieser Welt und ihre Entwicklung? Sollen wir trotz der noch nicht recht widerlegten Ansicht, daß die Menschen im Laufe der Jahrhunderte zwar klüger, raffinierter und gebildeter, aber noch nicht um ein Titelchen moralisch besser geworden sind, daß ferner, je größer der Intellekt wird, je ausgebildeter des Menschen Sinne, um so größer sein Leiden wird, und, je erkenntnisloser, je weniger sensibel seine Natur ist, er um so weniger sein Leiden fühlt — כי ברב חכמה רב־כעס ויוסיף דעת יוסיף מכאוב: Wo viel Weisheit, da viel Kummer; Kenntnis mehren mehrt den Schmerz, sagt der Kohelet 1, 18 — sollen wir also trotz der kaum bestreitbaren Wahrheit, daß der Kampf ums Dasein mit der fortschreitenden Entwicklung um so unbarmherziger geworden ist und immer härter werden wird, noch Hymnen anstimmen über die „beste der Welten"? Schopenhauer will den verstocktesten Optimisten durch die Krankenhospitäler, Lazarette und chirurgischen Marterkammern, durch die Gefängnisse, Folterkammern und Sklavenställe, über Schlachtfelder und Gerichtsstätten führen, dann alle die finstern Behausungen des Elends, wo es sich vor den Blicken kalter Neugier verkriecht, ihm öfnen und ihn zum Schluß in den Hungerturm des Ugolino blicken lassen, um ihm zu zeigen, welcher Art dieser meilleur des mondes possibles ist. Praktisch illustriert werden diese Behauptungen noch durch die Thatsache, daß in den Riesenstädten, London, Paris, Berlin jährlich Tausende dahin siechen vor Elend und Armut, ohne auch nur im Geringsten ein solches Loos verschuldet zu haben. Denkt man dann auch noch individualistisch, wenn man diese Dinge nicht optimistisch ansieht? Oder man betrachte doch einmal sub specie aeternitatis die vom sittlich-humanen Standpunkt sicherlich nicht sehr erhebende dira necessitas, daß die Menschen täglich Millionen von Tieren das Leben nehmen müssen, um nicht von ihnen gefressen zu werden. Und schließlich, wenn auch dies noch subjektive Betrachtungsweise sein sollte, dann möchten wir an eine Hypothese der Naturforscher erinnern, die geeignet ist, einem das Herz zu erschüttern. Dieselben behaupten, daß unser Planet nach so und so viel Jahren allmählich erkaltet, so daß alles Lebende, alles wofür lebende Wesen gelebt und gelitten, erstirbt, und daß schließlich die Erde selbst ein Raub der Sonne wird. Wenn diese Aussicht uns nicht pessimistisch stimmen sollte, dann müßten wir uns in der That für herzlos halten. Und da wir der Überzeugung sind, daß die eigentümliche Richtung seines Willens dem Menschen seine Weltanschauung giebt und dann der Intellekt die Mittel, dieselbe wissenschaftlich darzulegen und sich selbst klar zu machen, so wagen wir die Vermutung, daß Schopenhauer nur deswegen so eine Art Traumidealist gewesen ist, weil er seines moralischen Ichs halber diese Welt nicht für eine an sich bestehende halten konnte. Er floh in die Welt des Idealismus, weil er es nicht über sich gewinnen konnte, diese unsere Welt für eine Wirklichkeit letzter Instanz zu halten.

Hätte ihm nicht Kant diese Lehre von der Idealität der empirischen Welt überliefert, hätte er jemals an ihrer ethischen Bedeutung gezweifelt, er wäre vielleicht dem absoluten Pessimismus verfallen, wie ihn Leopardi und neuere Miserabilisten vertreten haben. Schopenhauer ist also ein eminent ethischer Pessimist, das sollten die nicht vergessen, welche seine Weltanschauung, trotzdem er sie aus diesen Gründen gegen den Materialismus mit wahrem Fanatismus verteidigt, für schlechthin bedeutungslos, der Wirklichkeit nicht im Geringsten entsprechend, für paradox, absurd oder gar unmoralisch erklären. Er steht ja, wie bekannt, mit diesem seinem ethischen Pessimismus nicht allein da. Oft genug beruft er sich auf die große buddhistische Religion, die eine wahre Apotheose des Leidens ist. Daß der innerste Kern des Christentums ein relativer Pessimismus ist, sollte nicht geleugnet werden. Die Lehre von der Erbsünde, die nicht blos ein vitium sondern auch ein peccatum ist, nicht blos Erbübel, sondern positive Schuld, ist nicht blos Lehre des älteren Christentums, sondern auch eine der Hauptlehren der Reformation. Wir Christen glauben an eine Fortdauer der menschlichen Seele nach dem Tode. Was hat denn dieser Glaube an ein unsterbliches Leben für einen Zweck, wenn diese Welt nicht wirklich so eine Art „Jammerthal" ist, wenn man schon hier auf Erden die volle Glückseligkeit erreichen könnte. Einzig und allein dadurch läßt sich das Problem der Theodicea lösen und hat das Christentum dem optimistischen Judentum gegenüber diese Frage gelöst, daß es dieses Leben mit pessimistischem Blicke betrachtete und als Ersatz für die Leiden die Unsterblichkeit der Seele verkündet. Der Optimismus derer, die die Unsterblichkeit der Seele leugnen, hat ja auch einen leicht zu erkennenden Grund. Weil sie es mit ihrer Vernunft nicht vereinigen können, an eine Fortdauer des Menschen nach dem Tode zu glauben, darum muß dieses Leben durchaus von seiner besten Seite angesehen werden. Denn — wozu sollte wohl das Gegenteil der Welt nützen! Drum machen sie gute Miene zum bösen Spiel. Will man aber an der moralischen Bedeutung der Welt festhalten, so muß man auch von der Unsterblichkeit des menschlichen Wesens überzeugt sein, sonst ist das Problem des Übels unlösbar. Andrerseits folgt wieder aus dem Glauben an die Fortdauer nach dem Tode konsequent eine relativ pessimistische Auslegung dieses Lebens. Erklärt man diesen Pessimismus, der seinen innersten Grund hat in der Überzeugung von der sittlichen Bedeutung der Welt — Schopenhauer hat ihn allerdings übertrieben - für eine ganz subjektive und unberechtigte Ansicht, nun, er ist jedenfalls philosophisch berechtigter als der Optimismus der Leibnizianer und der Materialisten.

Wenn wir nun wieder zu Fichte übergehen, so haben wir zu konstatieren, daß Fichte Optimist gewesen ist, aber kein oberflächlicher. Willensmonismus und Pessimismus sind also nicht identisch, es giebt auch einen optimistischen Willensmonismus und einen solchen vertrat Fichte. Aber er that dies nicht so leichthin, besonders nicht in seinen früheren Perioden, er war wahrlich kein Nachbeter Leibnizens und gehörte nicht zu denen, welche das wirklich vorhandene große Übel für etwas Anderes und weniger halten, als es wirklich ist, indem sie es nur für scheinbar, für einen defectus und nicht auch für einen effectus, also für nur negativ und nicht zugleich für positiv schlimm erklären. Denn es giebt einen Ausspruch von ihm, der da zeigt, daß auch er in der Welt trotz seines Pantheismus keineswegs eine bloße Theophanie sah. Er sagt in der Darstellung der W. L. vom J. 1801 (Fs. W. II, S. 157): „Wenn man von einer besten Welt und den Spuren der Güte Gottes in dieser Welt redet, so ist die Antwort: die Welt ist die **allerschlimmste**, die da sein kann, sofern sie an sich selbst völlig nichtig ist."

Die Schärfe dieses Gedankens mildert jedoch sogleich das Folgende: „Doch liegt in ihr eben darum die ganze einzig mögliche Güte Gottes verbreitet, daß von ihr und allen Bedingungen derselben aus die Intelligenz sich zum Entschlusse erheben kann, sie besser zu machen." Auch Fichte kennt die Schwächen der Menschen und ihre Unmoralität sehr wohl, er weiß, daß es Völker giebt, die ohne Spur der geringsten Scham Handlungen begehen, die gegen die ersten Grundsätze aller Moral streiten, die eine Verleugnung des Eigennutzes um der Pflicht willen sich als lächerliche Thorheit anrechnen und sich derselben schämen, daher stets und immer unter dem Naturbegriff stehen (Kritik aller Offenbarung S. 67 ff). Er kann (Darstellg. d. W. L. Fs. W. II S. 97) von der unmittelbaren Wirklichkeit oft nicht schlecht genug denken; so niedrig man oft ihr Bild nimmt, so übertrifft es doch die Erfahrung."

Was ihm die Welt immer wieder in einem bessern Lichte zeigt, was ihn wieder über ihre Schlechtigkeit erhebt, das ist sein moralischer Mensch, der das Leben nicht als zwecklos ansehen will. Die Triebfeder seines Optimismus zeigt sich klar in der Schrift über die Bestimmung des Menschen: Es ist sein Wille, sein sittlicher Charakter, der die Welt nicht pessimistisch anschauen mag, weil er sie sonst nicht versteht. Vgl. S. 265: „Auch schon in der bloßen Betrachtung der Welt, wie sie ist, abgesehen vom Gebote, äußert sich in meinem Innern der Wunsch, das Sehnen — nein, kein bloßes Sehnen — die absolute Forderung einer besseren Welt" 2c. Mit ergreifenden Worten schildert er ebendaselbst S. 267 ff. das Elend der Welt, die Unerbittlichkeit und Grausamkeit der Natur und die Ohnmacht der Menschen: Alles scheint ihm unter der Gewalt eines blinden Naturmechanismus zu stehen. Aber immer wieder lehnt sich gegen dieses Resultat sein Wille auf: So soll es nicht bleiben und so kann es nicht immer fortgehen, „wenn nicht das ganze menschliche Dasein ein zweckloses und nichts bedeutendes Spiel ist (ib. S. 278). Darum bricht durch alle pessimistischen Betrachtungen immer wieder freudige Hoffnung hindurch. Zweierlei erhebt ihn: es ist die Überzeugung von der Freiheit des Menschen und seiner Unsterblichkeit. Das zeitliche Leben hat dann nur Wert, wenn es frei ist: durchaus keinen, sondern ist ein Übel und eine Qual, wenn es nicht frei sein kann. Und da Fichte frei sein will, so hält er sich auch für frei (vgl. S. 284 und 289 ib.). Dieser Wille ist ihm durch das Gewissen geboten. Da er ferner die Hoffnung auf ein unsterbliches Leben mit der ganzen Kraft seiner Überzeugung festhält, so erfolgt die Versöhnung mit der Welt (ib. S. 287). Jetzt glaubt er an die „schon erreichte Güte" unter den Menschen und kommt sogar zu der Überzeugung, daß in gewissem Sinne alles gut ist, was geschieht und absolut zweckmäßig S. 307. Er weiß, daß er sich in der Welt der höchsten Weisheit und Güte befindet, die ihren Plan ganz durchschaut und ihn unfehlbar ausführt in dieser Überzeugung ruht er aus und ist selig S. 313. Der Philosoph hofft einen ewigen Frieden und ein ewiges Bündnis der Völker. So wird also der anfängliche Pessimist zum begeisterten ethischen Optimisten. Der trocken und abstrakt darstellende Verfasser der Wissenschaftslehre schwingt sich auf zu einer herrlichen poetischen Schilderung des Universums S. 317.

Fichte ist hiernach als ein Optimist anzusehen, weil er glaubt durch thätige Einwirkung und kräftig erziehendes Handeln könne es dahin gebracht werden, daß die Menschheit als Ganzes zu positivem Glück schon hier gelangen wird. Dies halten wir für unmöglich und sehen insofern die Welt mit relativ pessimistischem Auge an. Denn wir können es nicht hoffen, daß uns eine Welt Frieden, Glück und dauernde Befriedigung bringen wird, in der naturgemäß die Summe der Übel die der Lust überwiegt und immer überwiegen wird, welches zu beweisen der ewig fortdauernde Kampf ums Dasein allein schon im Stande ist, und der Satz: „die Weltgeschichte ist das Weltgericht" ist doch nur ein recht schwaches Trostmittel, um den schreienden Widerspruch zwischen Recht und Unrecht zu verhüllen. Nur dann haben wir Recht, dem Optimismus einige Wahrheit zu belassen, wenn die moralische Weltordnung, welche auf dieser Welt zu erkennen das menschliche Auge doch gewöhnlich zu schwach und unvollkommen ist, in irgend einer andern Weise als vorhanden erkannt wird. Dies kann aber nur nach dem Tode geschehen und darum ist die Unsterblichkeit eine Forderung der praktischen Vernunft, die Unsterblichkeit, an welcher nicht blos Religionen, sondern auch Philosophen wie Kant, Fichte und Schopenhauer, jeder in seiner Art festgehalten haben. Beweisen läßt sich ihre Wirklichkeit, das müssen wir zugeben, philosophisch nicht, aber ebensowenig kann man sie schlechtweg widerlegen, darum ist der Glaube an die Unsterblichkeit des Menschen und damit der Glaube an die **moralische Weltordnung** und an den **sittlichen Willen** als **Weltschöpfer** Sache des menschlichen **Willens**.

Wollen wir aber nach dem Bisherigen den Pessimismus striktim empfehlen, sowohl für die Theorie als auch die Praxis? Für letztere gewiß nicht. Und hier kommen wir auf die Frage der **Brauchbarkeit des Pessimismus** für das praktische Leben. Wir erinnern hier an das bekannte Wort Göthes: „Grau, teurer Freund, ist alle Theorie und grün des Lebens goldner Baum." Man gestatte uns, hier den Spruch so zu deuten: die philosophische Erkenntnis nötigt uns zwar, die Welt mit halb pessimistischem Auge zu betrachten, aber dennoch dürfen wir dieses theoretische Resultat nicht in die Praxis übersetzen. Vielmehr haben wir der von Kant entdeckten Wahrheit zu folgen, welcher uns zeigt, daß die **praktische Vernunft über der theoretischen** steht. Sagt doch auch Schopenhauer V, S. 467 „Sich zu mühen und mit dem Widerstande zu kämpfen ist dem Menschen Bedürfnis, wie dem Maulwurf das Graben. Der Stillstand, den die Allgenugsamkeit eines bleibenden Genusses herbeiführte, wäre ihm unerträglich. Hindernisse überwinden ist der Vollgenuß seines Daseins; sie mögen materieller Art sein, wie beim Handeln und Treiben, oder geistiger Art, wie beim Lernen und Forschen: der Kampf mit ihnen und der Sieg beglückt. Fehlt ihm Gelegenheit dazu, so macht er sie sich, wie er kann: je nachdem es seine Individualität mit sich bringt, wird er jagen oder Bilboquet spielen, oder vom unbewußten Zuge seiner Natur geleitet, Händel suchen, oder Intriguen anspinnen, oder sich auf Betrügereien und Schlechtigkeiten einlassen, um nur dem ihm unerträglichen Zustand der Ruhe ein Ende zu machen! Difficilis in otio quies." Für die Europäer, z. B. uns Deutsche wäre die konsequent durchgeführte Verneinung

des Willens zum Leben, die sich praktisch äußern würde in der
Flucht aus allen politischen und gesellschaftlichen Verbindungen und
einem Leben in Zurückgezogenheit und Thatenlosigkeit, der Ruin
des deutschen Staates. Sie kann aber überhaupt nur von dem
realisiert werden, der in einigermaßen begüterten Verhältnissen,
wie z. B. Schopenhauer, lebend mit der Außenwelt nicht viel in
Berührung zu bekommen brauchte, um sein Leben — gerade, um
es im Laufe der Jahre verneinen zu können — zu erhalten. Daß
die Willensverneinung nicht in das System Schopenhauers hinein-
paßt, haben wir schon oben gesehen. Insofern aber könnten wir
sie acceptieren, als es unsere Aufgabe ist, den anfänglich blinden,
nur auf seine Befriedigung gerichteten Trieb, den des „empirischen
Menschen", des „alten Adam" nach Kräften einzuengen und ihn
in einen sittlichen umzuwandeln. Daß dies bis zu einem gewissen
Grade möglich ist, haben wir oben nachgewiesen. Allerdings
möchte dies nur einer geringen Anzahl von Menschen gelingen.
Aber das thatkräftige Streben hiernach, dem natürlichen eigenen
Willen und dem Willen der andern Menschen eine moralische
Richtung zu geben, ist die Aufgabe jedes Menschen. Dies kann
er aber nur durch Handeln. Sittlich thätig zu sein, für die
leidende Menschheit nach Kräften zu schaffen, auf welche Weise man
wolle, wenn auch mit der sicheren Aussicht, daß unsere Arbeit
nur Einzelnen zu Gute kommt und vergänglich ist, wie wir selbst,
das ist heilige ethische Pflicht des Menschen.

Nach alledem halten wir es für philosophisch wohl berechtigt,
eine relativ ethisch-pessimistische Weltanschauung zu haben und
trotzdem im praktischen Leben diese Ansicht zu verleugnen. Es
klingt dies Resultat allerdings wie ein schroffer Dualismus, steht
aber doch nicht so ohne Stütze da. Auch Faust (Göthe) erkannte,
daß alles in der Welt mehr oder weniger eitel ist. Wissenschaft,
Liebe, Vergnügungen aller Art, Befriedigung sucht er zuletzt in
der praktischen Arbeit. Was Kant in der Theorie verloren hatte,

in der Praxis gewann er es wieder. Seltsam klingt dies Resultat: Bei im allgemeinen pessimistischer Lebensanschauung thatkräftige sittliche Arbeit, doch nur dann, wenn man wie Schopenhauer seine Hoffnung auf die Willensverneinung setzt, die bei einem blinden, weltbeherrschenden Willen überhaupt nicht zu Stande kommen könnte.

III. Teil.
Schlußbetrachtungen.

Wir haben gesehen, daß die Systeme Fichtes und Schopenhauers ausgegangen sind von einer gemeinsamen Mutter, der kantischen Philosophie, zugleich aber von zwei gänzlich in ihren Willensrichtungen verschiedenen Vätern, den Charakteren der Schöpfer. Daher die großen Gegensätze in den Anschauungen. Der erste Wille wollte sich einheimisch in der Welt fühlen, wollte sie mit freundlichem Auge betrachten, daher die optimistische Überzeugung. Der zweite fühlte sich abgestoßen von ihr, er wollte sie nicht als gut und schön ansehen, daher das pessimistische Resultat. Suchen wir also die schon oben einmal aufgeworfene Frage zu beantworten, warum Fichte Optimist und Schopenhauer Pessimist geworden ist, so werden wir wider alle Äußerlichkeitserklärungen diesen Grund in den verschiedenen Willensrichtungen suchen. Weiter aber können wir nicht gehen, denn wir stehen hier vor einem für uns unergründlichen Geheimnis: Welches ist die Kraft, die dem Menschen seinen Willen giebt, woher kommt die so große Verschiedenheit der menschlichen Charaktere! Würden wir das wissen, so wären wir auch dem Ding an sich um einen großen Schritt näher gekommen.

Der Zweck dieser Arbeit dürfte im Laufe der Untersuchung klar geworden sein. Wenn man zwei Systeme mit ihren Prinzipien und deren Konsequenzen für die Weltanschauung bespricht, so kann man auf beschränktem Raum nur einige Probleme derselben eingehender behandeln, andre nur flüchtig berühren. Neben dem Interesse, das die bloße Gegenüberstellung zweier so verschiedenen Systeme, wie das Fichtesche und Schopenhauersche, und die Prüfung der Folgerichtigkeit der Prinzipien für Weltanschauung und Lebensführung gewährt, war es unsere Absicht, einen Beitrag zu geben zu den psychologischen Untersuchungen über die Abhängigkeit des Intellekts vom Willen und zu zeigen, wie besonders die Weltbegreifung eines tiefdenkenden Philosophen keineswegs Resultat ist rein interesseloser Erwägungen des Intellekts, sondern ein Abbild gleichsam seines Charakters, seines Willens. Auch das wird aus unsern Erörterungen hervorgehen, daß wir einer leidenschaftsloseren Beurteilung Schopenhauers und seiner Weltanschauung, deren Kritik an Objektivität und Gerechtigkeit noch heute viel zu wünschen läßt, das Wort reden möchten. Wir können nicht genug hervorheben, daß Schopenhauer ein ethischer Pessimist — es giebt auch anethische, wenn man so sagen darf — gewesen ist, der ein Problem einmal wieder auf die Tagesordnung gesetzt hat, das nicht ernst genug genommen zu werden verdient und bis jetzt keineswegs von der Philosophie so gelöst ist, daß Zweifel und Bedenken nicht mehr aufkommen könnten. Wie wenig die Einseitigkeit und die Mängel der Schopenhauerschen Weltanschauung allen klar zu Tage liegen, zeigt der große ungeschwächte Anklang, den er und seine Nachfolger beim großen Publikum finden. Aufgabe der Philosophie wird es daher sein, der Schopenhauerschen vor allen Dingen eine in der Wirklichkeit fester begründete Weltanschauung gegenüber zu stellen. Daß hier Fichte ein gewichtiges Wort mitzusprechen haben würde, ist für uns keine Frage. Allerdings bedürfte auch dessen Weltbegreifung einer tieferen religiösen Begründung.